청어람 편집부 엮음

이야기로 읽고 쓰면서 익히는 고사성어

고사성어는 현대와 과거를 연결하는 지혜의 보물창고!
한 권으로 천 권의 책을 읽는 효과만점의 필독서!

도서출판

청어람

이야기로 읽고
쓰면서 익히는

고사성어

초판 1쇄 찍은 날 § 2008년 5월 22일
초판 1쇄 펴낸 날 § 2008년 5월 29일

펴낸이 § 서경석
엮은이 § 청어람 편집부
편집장 § 오태철
편집 및 디자인 § 정은경 · 김동화

펴낸곳 § 도서출판 청어람
등록번호 § 제1081—1—89호
등록일자 § 1999. 5. 31.
어람번호 § 제3—0050호

주소 § 경기도 부천시 원미구 심곡1동 350—1 남성B/D 3F (우) 420—011
전화 § 032—656—4452 팩스 § 032—656—4453
http ://www.chungeoram.com
E—mail § eoram99@chollian.net

ISBN 978—89—251—1304—3 13710

이 책을 선택한
당신에게 드리는 글

속전속결! 빠르게 이해하고, 쉽게 익히자!

고사성어를 익히려면 그 배경지식은 필수사항이다. 이 책은 유래를 수록함으로써 고사성어의 뜻을 빠르게 이해하고, 직접 쓰기 연습을 통해 보다 쉽게 익힐 수 있도록 편집하였다. 한자 하나하나의 의미와 한자능력시험을 대비한 급수, 자세한 획순을 통해 한자가 모여 하나의 어휘가 되는 과정을 볼 수 있다.

안성맞춤! 실생활을 통한 맞춤교육!

고사성어는 우리의 실생활에 꼭 필요한 것으로써 논술, 수능, 내신을 비롯하여 다양한 분야에서 사용되고 있다. 이 책을 공부하다보면 학교에서, 가정에서, 그리고 사회에서 상황에 따라 적합한 고사성어를 발견할 수 있을 것이다. 더불어 어떠한 상황을 이겨내기 위한 조언을 담고 있는 고사성어도 발견할 수 있다. 책 속에 수록된 고사성어와 일상생활과의 연계성을 생각해 본다면 더욱 유익하고 재미있게 공부해나갈 수 있을 것이다.

위풍당당! 고사성어, 어렵다는 편견을 날려버려라!

한자는 그저 그림에 불과하다? 유래는 어렵고 진부하다? 그런 편견은 모두 날려버리자.

이 한 권의 책을 펼치는 순간 당신은 한자의 모든 것을 꿰뚫어 볼 수 있는 눈이 생길 것이다. 고사성어의 유래 이해와 쓰기, 더불어 어휘력과 문장력까지 갖추는 효과를 얻을 수 있을 것이다.

한자는 다양한 방면에서 새로운 경쟁력으로 부상하고 있다. 그렇기에 초등학생부터 성인까지 나이를 불문하고 많은 관심을 가지고 있다. 풍부한 한자상식을 넘어 교양을 쌓기에도 적합한 이 책을 당신에게 적극 추천한다.

부수명칭(部首名稱)

부수	명칭	부수	명칭	부수	명칭	부수	명칭	부수	명칭
一	한일	卜	점복	己	몸기	日	가로되왈	瓜	외과
丨	뚫을곤	卩	병부절	巾	수건건	月	달월	瓦	기와와
丶	불똥주, 점주	厂	민엄호밑	干	방패간	木	나무목	甘	달감
丿	삐칠별	厶	마늘모	幺	작을요	欠	하품흠	生	날생
乙	새을	又	또우	广	엄호밑	止	그칠지	用	쓸용
亅	갈고리궐	口	입구	廴	민책받침	歹	죽을사변	田	밭전
二	두이	囗	큰입구몸	廾	스물입발	殳	갖은등글월문	疋	필필
亠	돼지해머리	土	흙토	弋	주살익	毋	말무	疒	병질엄
人亻	사람인	士	선비사	弓	활궁	比	견줄비	癶	필발머리
儿	어진사람인	夂	뒤처져올치	彐彑	튼가로왈	毛	털모	白	흰백
入	들입	夊	천천히걸을쇠	彡	터럭삼	氏	각시씨	皮	거죽피
八	여덟팔	夕	저녁석	彳	두인변	气	기운기밑	皿	그릇명
冂	멀경몸	大	큰대	心忄	마음심	水氵	물수	目罒	눈목
冖	민갓머리	女	계집녀	戈	창과	火灬	불화	矛	창모
冫	이수변	子	아들자	戶	지게호	爪爫	손톱조	矢	화살시
几	안석궤	宀	갓머리	手扌	손수	父	아비부	石	돌석
凵	위터진입구	寸	마디촌	支	지탱할지	爻	점괘효	示礻	보일시
刀刂	칼도	小	작을소	攴攵	등글월문	爿	장수장변	内	자귀유
力	힘력	尢	절름발이왕	文	글월문	片	조각편	禾	벼화
勹	쌀포몸	尸	주검시	斗	말두	牙	어금니아	穴	구멍혈
匕	비수비	屮	왼손좌	斤	도끼근	牛牜	소우	立	설립
匚	터진입구	山	뫼산	方	모방	犬犭	개견	竹	대죽
匸	터진에운담	巛川	개미허리	无	이미기방	玄	검을현	米	쌀미
十	열십	工	장인공	日	날일	玉玉	구슬옥	糸	실사

부수	훈음	부수	훈음
缶	장군부	衣(礻)	옷의
网(罒/冈)	그물망	两	덮을아
羊	양양	見	볼견
羽	깃우	角	뿔각
老(耂)	늙을로	言	말씀언
而	말이을이	豆	콩두
耒	쟁기뢰	谷	골곡
耳	귀이	豕	돼지시
聿	붓율	豸	갖은돼지시
肉(月)	고기육	貝	조개패
臣	신하신	赤	붉을적
自	스스로자	走	달릴주
至	이를지	足	발족
白(臼)	절구구	身	몸신
舌	혀설	車	수레거
舛	어그러질천	辛	메울신
舟	배주	辰	별진
艮	간괘간	辵(辶)	책받침
色	빛색	邑(阝)	고을읍
艸(艹)	초두밑	酉	닭유
虍	범호밑	釆	분별할변
虫	벌레훼	里	마을리
血	피혈	金	쇠금
行	다닐행	長(镸)	긴장

부수	훈음	부수	훈음
門	문문	鬲	솥역
阜(阝)	언덕부	鬼	귀신귀
隶	미칠이	魚	고기어
佳	새추	鳥	새조
雨	비우	鹵	소금밭로
青	푸를청	鹿	사슴록
非	아닐비	麥	보리맥
面	낯면	麻	삼마
革	가죽혁	黃	누를황
韋	가죽위	黍	기장서
韭	부추구	黑	검을흑
音	소리음	黹	바느질치
頁	머리혈	黽	맹꽁이맹
風	바람풍	鼎	솥정
飛	날비	鼓	북고
食	먹을식	鼠	쥐서
首	머리수	鼻	코비
香	향기향	齊	가지런할제
馬	말마	齒	이치
骨	뼈골	龍	용룡
高	높을고	龜	거북구
髟	터럭발밑	龠	피리약
鬥	싸움투		
鬯	술창		

亻	사람인변
刂	선칼도방
彐	튼가로왈
忄	심방변
扌	재방변
氵	삼수변
氺	아랫물수
犭	개사슴변
阝	우부방
阝	좌부변
小	밑마음심
攵	등글월문
灬	불화발
爫	손톱조
牛	소우변
王	구슬옥
礻	보일시변
罓	그물망
耂	늙을로밑
月	육달월
艹	초두밑
辶	책받침
四	넉사밑
歺	죽을사변
衤	옷의변

목차

肝 膽 相 照

간 **간**　　쓸개 **담**　　서로 **상**　　비칠 **조**

: 서로 사귐에 있어서 간과 쓸개를 꺼내 보여줄 정도로 숨김이 없고 진실하여야 한다는 뜻.

고사성어 유래

당송팔대가 중 당대의 명품 대가에 한유와 유종원이라는 사람이 있었다. 이 둘은 운동을 제창한 문우로서 세인들로부터 인정받을 만큼 절친한 사이였다. 당나라 11대 황제인 헌종 때의 일이다. 유종원이 유주라는 고을의 지방관리로 임명받았다. 그런데 유종원의 친구 중 유몽원이라는 사람이 있었는데 그가 파주의 지방관리로 임명되게 되었다. 유몽득은 늙은 모친을 모시고 있었다. 그 소식을 들은 유종원은 그를 찾아가 이렇게 말했다.

"파주는 이루 말할 수 없이 외떨어져서 으슥한 곳이네. 자네는 부모님을 모시고 있는 몸이라 그 곳은 적합하지 않네. 자네가 노모께 차마 그곳으로 가야 한다는 말을 꺼내지 못하고 있다는 것도 내 익히 알고 있네. 그러니 자네 대신 내가 파주로 가는 것이 좋을 듯하네."

이 이야기를 듣고 깊은 감명을 받은 한유는 유종원이 죽자 그의 묘지명에 이렇게 썼다.

"아아, 사람이란 곤경에 처했을 때라야 비로소 절의가 나타나는 것인가. 평소에는 서로 그리워하고 희로애락을 같이 하며 때론 놀이나 술자리를 마련하여 부르곤 한다. 또 흰소리와 우스갯소리나 농담을 하기도 하고 때론 서로 양보하고 손을 맞잡기도 한다. 어디 그뿐이랴. 서로 간과 쓸개를 꺼내어 보이며 해를 가리켜 눈물 짓고 살든 죽든 서로 배신하지 말자고 맹세하기도 한다. 하지만 말은 제법 그럴듯해도 일단 머리카락 한 올만큼이라도 이해관계가 생기면 눈을 부릅뜨고 언제 봤냐는 듯 서로 거들떠보지도 않는다. 더욱이 함정에 빠져도 손을 내밀어 주기는커녕 오히려 더 깊이 빠뜨리고 돌까지 던지는 시늉을 하는 인간이 곳곳에 널려있다."

한유의 이와 같은 글은 유종원과 유몽득의 진정한 우정을 찬양하고, 이어 뭇사람들의 경박한 사귐을 비판하였다.

간 간	육달월 部, 7획, 한자능력검정 준3급	肝		
肝	ノ 刀 月 月 肝 肝 肝			
肝				

쓸개 담	육달월 部, 17획, 한자능력검정 2급	膽		
膽	ノ 刀 月 月 月' 肝 胪 胪 胪 胪 胪 胪 膽 膽 膽 膽 膽			
膽				

서로 상	눈목 部, 9획, 한자능력검정 5급	相		
相	一 十 才 木 机 机 相 相 相			
相				

비칠 조	연화발 部, 13획, 한자능력검정 준3급	照		
照	ノ 刀 月 日 日 日刀 日刃 昭 昭 照 照 照 照			
照				

肝	膽	相	照	肝	膽	相	照

改 過 遷 善

고칠 **개**　　지날 **과**　　옮길 **천**　　착할 **선**

: 지난 잘못을 고쳐 새사람이 된다는 뜻.

진나라 양흠 지방에 주처라는 사람이 살고 있었다. 주처의 아버지는 주처가 어릴 때 세상을 떠났다. 부모님의 따스한 보살핌을 받지 못한 주처는 오랜 시간 방탕한 생활을 하며 남들을 괴롭혔다. 사람들은 그러한 주처를 싫어했으며 가까이 하려 하지 않았다.

나이가 들면서 주처는 지난날의 잘못을 뉘우치고 새로운 사람이 되겠다고 굳게 결심하였다. 그러나 사람들의 시선은 예전과 달라지지 않았다. 하루는 주처가 마을 사람에게 이렇게 물었다.

"지금 세상이 태평하여 모두 걱정 없이 잘 사는데 왜 나만 보면 얼굴을 찡그리십니까?"

그러자 마을 사람은 이렇게 대답했다.

"마을에 끼치는 세 가지 해로움을 제거하지 못했는데 어찌 태평을 기대할 수 있겠는가?"

"세 가지 해로움이라니요?"

"남산에 있는 사나운 호랑이, 장교(張橋) 아래에 있는 교룡(蛟龍), 그리고 자넬세."

이 말을 듣고 주처는 더욱더 새사람이 되겠다는 마음을 굳히고 세 가지 해로움을 제거하기로 결심하였다. 남산에 올라가 사나운 호랑이를 잡아죽이고 장교 아래의 물에 뛰어들어 용과 싸움을 벌인 끝에 겨우 목숨만은 건져 마을로 왔다. 하지만 마을 사람들은 그를 반갑게 맞이하지 않았다. 마을 사람들이 아직 자기를 미워하고 있음을 깨닫고 주처는 마을을 떠나 대학자 육기(陸機), 육운(陸雲)을 만나 자신의 처지에 대해 이야기했다. 그들은 주처의 말을 듣고 굳은 의지를 갖고 지난날의 잘못을 고쳐 새사람이 되라고 격려했다. 이때부터 주처는 10여 년 동안 학문과 덕을 익혀 마침내 유명한 대학자가 되었다.

고칠 개	등글월문 部, 7획, 한자능력검정 5급						改		
改	ㄱ ㄱ ㄹ ㄹ ㄹ 改 改								
改									
지날 과	책받침 部, 13획, 한자능력검정 5급						過		
過	ㅣ ㅁ ㅁ ㅁ ㅁ 咼 咼 咼 咼								
過	渦 渦 渦 過								
옮길 천	책받침 部, 16획, 한자능력검정 준3급						遷		
遷	ㅡ ㄷ ㄷ 西 西 西 西 要 要								
遷	要 要 署 遷 遷 遷 遷								
착할 선	입구 部, 12획, 한자능력검정 5급						善		
善	丶 丷 丷 亠 亍 羊 羊 羔 盖								
善	善 善 善								

改	過	遷	善	改	過	遷	善

擧 案 齊 眉

들 거   책상 안   가지런할 제   눈썹 미

: 밥상을 눈 위로 들어올린다는 말로 즉 아내가 남편을
공경하여 받드는 것을 뜻함.

고사성어 유래

거안제미는《후한서》의 〈일민전〉에 나오는 고사이다.

중국 평릉현에 가난했지만 절개가 곧은 양홍(梁鴻)이라는 사람이 살았다. 같은 마을에는 맹광(孟光)이라는 얼굴이 못난 처자가 있었는데 서른이 넘도록 시집갈 생각을 하지 않았다. 그녀는 양홍이 아니면 시집을 가지 않겠다고 했다. 이 소식을 들은 양홍은 그녀에게 청혼을 했고 얼마 후 혼례를 치뤘다.

그런데 꽤 시간이 흘렀음에도 불구하고 양홍은 그녀와 잠자리를 같이 하려 하지 않았다. 맹광이 그 연유를 묻자 그는 "내가 바라던 여자는 비단옷을 입고 분을 바른 여자가 아니라 누더기 옷을 입고 깊은 산속에서 살 수 있는 여자였소!" 하고 말했다.

사실은 그녀 자신도 그런 생활을 원하고 있었다. 결국 두 사람은 산속으로 들어가 농사를 짓고 베를 짜며 전원생활을 했다. 오래지 않아, 양홍은 그에게 관직을 주려는 관리를 피해 부인과 함께 오나라로 떠났다. 그후 양홍일가는 대부호인 고백통의 집에서 방앗간 일을 하면서 머물게 되었다. 양홍이 집에 돌아오면, 맹광은 감히 그를 쳐다보지 못하고 밥상을 눈썹 위까지 들어올려 바치고 양홍에게 먹기를 권하였다. 고백통이 이것을 본 후, 크게 놀라며 생각했다.

'아내가 이토록 남편을 공경하는 것을 보니, 그는 분명히 평범한 인물이 아니다.'

이후 그는 양홍일가를 그의 집안에 머물게 하고, 옷과 음식을 제공해주었다. 이로 인해 양홍은 많은 책과 이론을 저술할 수 있게 되었다.

들 거	손수 部, 18획, 한자능력검정 5급	擧		
擧	´ ′ ⸀ ⸀ ⸀ 臼 臼 臼 臼 臼 臼 與 與 與 與 擧 擧 擧			
擧				
책상 안	나무목 部, 10획, 한자능력검정 5급	案		
案	丶 宀 宀 宀 安 安 安 宰 案 案			
案				
가지런할 제	가지런할제 部, 14획, 한자능력검정 준3급	齊		
齊	丶 一 亠 亠 亠 亣 亦 亦 亦 亦 亦 齊 齊 齊			
齊				
눈썹 미	눈목 部, 9획, 한자능력검정 3급	眉		
眉	⁊ ⁊ ⁊ 尸 尸 斤 眉 眉 眉			
眉				

擧	案	齊	眉	擧	案	齊	眉

車 載 斗 量

수레 **거**　실을 **재**　말 **두**　헤아릴 **량**

: 수레에 싣고 말로 잰다는 의미로 아주 흔하거나 쓸모 없는 것만이 많이 있음을 뜻함.

　삼국 시대 오나라는 촉(蜀)의 관우를 공격해 죽여 촉나라와 적대하기에 이르렀다. 기원전 221년 촉나라는 오나라를 칠 군사를 내보내고, 오나라 군주 손권은 위나라에 구원을 요청하기로 했다. 그 사자로 선출된 중대부(中大夫) 조자에게 손권이 강력하게 당부했다.

　"결코 오나라의 체면을 손상시켜선 아니 되오."

　조자는 명심하고 출발했다. 조자가 위나라의 수도에 도착하자, 조비는 그가 찾아온 뜻을 알면서도 짐짓 물어 보았다.

　"오나라의 임금은 어떤 인물이요?"

　"총명하고 자애롭고 똑똑하며, 뛰어난 재능과 원대한 지략의 소유자입니다."

　"과장이 좀 심하군요."

　조비가 비꼬듯이 웃으니, 조자는 하나하나 실례를 들어 반론했다.

　조비가 또 물었다.

　"만일 내가 오나라를 공격한다면?"

　"대국에 무력이 있다면, 소국에도 방위책이 있습니다."

　"오나라는 위나라를 두려워하고 있겠지요."

　"두려워하고 있다니요. 오나라에게는 100만의 용맹한 군사와 천험(天險)이 있습니다."

　"그대 같은 인재가 오나라에는 몇 명쯤 있소?"

　"나 같은 자는 거재두량할 만큼 있습니다."

　조비가 탄복하며 말했다.

　"사신으로 가서 군주의 명령을 욕되게 하지 않음은 그대와 같은 사람을 두고 하는 말일 것이오."

　열석한 위나라의 신하들은 그 말에 모두 감동을 받았다.

　이리하여 오나라와 위나라의 군사 제휴는 성립되었다. 조자가 오나라에 돌아오자, 손권은 사명을 완수한 것에 대해 상을 내리고, 기도위(騎都尉)로 승진시켰다.

수레 거	수레거 部, 7획, 한자능력검정 7급	車		
車	一 厂 闩 日 百 亘 車			
車				
실을 재	수레거 部, 13획, 한자능력검정 준3급	載		
載	一 十 土 吉 吉 吉 吉 言 責 車 載 載 載			
載				
말 두	말두 部, 4획, 한자능력검정 준4급	斗		
斗	丶 丶 二 斗			
斗				
헤아릴 량	마을리 部, 12획, 상용한자	量		
量	丶 口 日 旦 昌 昌 昌 昌 昌 量 量			
量				

車	載	斗	量	車	載	斗	量

犬 兎 之 爭

개 **견**   토끼 **토**   갈 **지**   다툴 **쟁**

: 개와 토끼의 다툼이라는 뜻으로 양자의 다툼에 제삼자
만 이익을 보게 된다는 것을 의미함.

고사성어 유래

전국시대 때 제나라가 위나라를 공격하려 했다. 순우곤이 제왕에게 말했다.

"한자로라는 날랜 사냥개와 동곽준이라는 발빠른 토끼가 있습니다. 한자로가 동곽준을 보고는 그놈을 잡으려고 뒤쫓았습니다. 두 놈은 수십 리를 달리며 산등성이를 세 바퀴나 돈 다음 조금의 양보도 없이 산꼭대기를 다섯 번이나 내달렸습니다. 결국 두 놈 다 지쳐 개도 토끼도 쓰러져 죽고 말았습니다. 이것을 본 농부는 조금의 힘도 들이지 않고 양쪽 모두를 잡을 수 있었습니다. 지금 제나라와 위나라가 오랜 동안 대치하고 있어 기력은 떨어질 대로 떨어져 있습니다. 그런데 이런 형편에 위나라를 공격한다면 얼마 못 가 둘 다 힘에 부쳐 나가떨어질 것 입니다. 그러면 저 서쪽의 강한 진나라나 대국인 초나라가 기회를 틈타 농부가 되지 않을까 염려스럽습니다. 깊이 생각하시기 바랍니다."

이 말을 들은 제나라 왕은 그의 말이 옳다 여기고 위나라를 공격할 뜻을 버리고 국력을 기르는 데 힘을 쏟았다.

개 견	개견 部, 4획, 한자능력검정 4급			犬		
犬	一 ナ 大 犬					
犬						
토끼 토	어진사람인발 部, 8획, 한자능력검정 준3급			兎		
兎	´ ⺅ ⼧ ⼧ ⻄ ⺋ 兎 兎					
兎						
갈 지	삐침별 部, 4획, 한자능력검정 준3급			之		
之	、 ⼂ ⼈ 之					
之						
다툴 쟁	손톱조 部, 8획, 한자능력검정 5급			爭		
爭	´ ⼂ ⼁ ⼁ ⺈ ⺈ ⺈ 爭					
爭						

犬	兎	之	爭	犬	兎	之	爭

結 草 報 恩

맺을 **결**　　　풀 **초**　　　갚을 **보**　　　은혜 **은**

: 귀신이 풀을 묶어 은혜에 보답한다는 뜻으로 은혜를
꼭 갚는다는 의미.

고사성어 유래

　중국 춘추시대, 진(晋)의 위무자(魏武子)라는 사람은 병이 들자, 아들 위과에게 자기가 죽으면
아름다운 후처, 즉 위과의 서모를 개가시켜 순사, 즉 남편을 따라 자살하여 죽는 것을 면하게 하라
고 유언하였다. 그러나 병세가 악화되어 정신이 혼미해진 위무자는 후처를 자살하도록 하여 죽으
면 같이 묻어 달라고 유언을 번복하였다.

　위무자가 죽은 뒤 위과는 정신이 혼미했을 때의 유언을 따르지 않고, 맑은 정신일 때 하신 말씀
을 따르는 것이 옳을 것이라 생각하여 처음 유언에 따라 서모를 개가시켜 순사를 면하게 하였다.

　후에 위과가 전쟁에 나가 진(秦)의 적장과 싸워 위태로운 상황이 되었다. 이때 다행히 진나라 적
장이 누군가 엮어 놓은 듯한 풀뿌리에 걸려 넘어져 포위하게 되면서 대승을 하게 되었다.

　그날 밤 위과의 꿈에 서모의 아버지 혼이 나타나 이렇게 말했다.

　"제 딸이 죽을 뻔한 상황에서 구해주신 것을 잊지 않고 있었습니다. 그간 은혜를 갚을 길이 없었
는데 지금에 와서야 은혜를 갚고자 제 혼이나마 이렇게 나타나 도움을 드리고자 하였습니다. 이로
써 제가 할 일은 다한듯 합니다."

　여기에서 나온 말이 '풀을 묶어서 그 은혜를 갚다' 라는 뜻을 지닌 결초보은이라는 고사성어이다.

맺을 결 結 結	실사 部, 12획, 한자능력검정 5급 乡 彡 幺 乡 糸 糸 紵 紵 紵 結 結	結		

맺을 결 結 結	실사 部, 12획, 한자능력검정 5급 ʼ ㄥ ㄠ 糸 糸 糸 紵 紵 紵 結 結	結		
풀 초 草 草	초두머리 部, 10획, 한자능력검정 7급 一 十 卄 艹 艹 古 苩 苩 苩 草	草		
갚을 보 報 報	흙토 部, 12획, 한자능력검정 준4급 一 十 土 耂 耂 幸 幸 幸 호 報 報 報	報		
은혜 은 恩 恩	마음심 部, 10획, 한자능력검정 준4급 丨 冂 冃 囝 因 因 因 恩 恩 恩	恩		

結	草	報	恩	結	草	報	恩

輕 擧 妄 動

가벼울 경　　들 거　　망령될 망　　움직일 동

: 경솔하게 함부로 행동함을 뜻함.

고사성어 유래

경거망동의 특별한 유래는 없지만 비슷한 한자어의 유래는 찾아볼 수 있다.

옛날 중국 춘추전국시대에 조씨 성을 가진 사람이 살고 있었는데, 그에게는 만삭의 부인이 있었다.

아침 부인이 말하길 "여보! 어제 제가 말 한 마리가 온천으로 들어가 목욕을 하는 꿈을 꾸지 않았겠어요. 아마도 우리가 말처럼 활달하고 기운이 센 아들을 얻게 될 태몽인 것 같아요" 라고 하였다.

조씨는 기뻐하며 "그것 참 좋은 태몽이구려. 어서 빨리 우리 아들을 보았으면 좋겠소" 라고 답하였다. 사흘 뒤 조씨부인은 매우 건강한 사내아이를 순산하였고, 조씨는 태몽을 따라 아이의 이름을 '온마(溫馬)' 라 지었다.

세월이 흘러 조온마가 스무 살이 되었다. 조온마는 조씨 부부의 기대와는 다르게 마을의 처녀란 처녀는 죄다 욕보이는 난봉꾼이 되었다. 이를 보다 못한 마을 사람들은 결국 조온마를 관아에 고발하였고 조온마는 판관 앞에 끌려가게 되었다.

판관은 "조온마는 색기로 인하여 마을을 어지럽혔다. 따라서 거세를 당함이 마땅하다"고 말하였다. 결국 조온마는 거세를 당하였고, 후일 사람들은 경거망동하게 행동하는 사람에게 조온마의 일을 상기시키기 위하여 "조온마난색기(趙溫馬亂色氣)"라고 충고를 하게 되었다고 한다.

가벼울 경	수레거 部, 14획, 한자능력검정 5급	輕		
輕	一 ㄷ ㅁ ㅂ 百 亘 車 軒 軒 軒 軒 輕 輕 輕			
輕				
들 거	손수 部, 18획, 한자능력검정 5급	擧		
擧	` ′ ′ f f ff ff ff ff ff 印 印 卿 與 與 與 與 擧 擧 擧			
擧				
망령될 망	계집녀 部, 6획, 한자능력검정 준3급	妄		
妄	` 亠 亡 亡 亥 妄			
妄				
움직일 동	힘력 部, 11획, 한자능력검정 7급	動		
動	` 二 千 斤 斤 盲 盲 重 重 動 動			
動				

輕	擧	妄	動	輕	擧	妄	動

鷄 口 牛 後

닭 계 　 입 구 　 소 우 　 뒤 후

: 닭의 부리가 될지언정 소의 꼬리는 되지 말라는 말로 큰 집단의 말석보다 작은 집단의 우두머리가 낫다는 뜻.

고사성어 유래

전국시대에 합종설을 편 모사 소진은 7개의 국가 중에서 가장 강한 진나라에 대항하기 위하여 나머지 6개국은 단결해야 한다는 생각을 했다. 그는 이것밖에는 대항책이 없다는 결론을 내린 것이다. 이에 그는 자신의 장기인 능변술로 6개국을 돌아다니면서 각 나라의 임금을 설득했다.

"전하, 한나라는 지세가 견고한데다 군사도 강병으로 알려져 있사옵니다. 그런데도 싸우지 아니하고 진나라를 섬긴다면 천하의 웃음거리가 될 것이옵니다. 게다가 진나라는 한 치의 땅도 남겨 놓지 않고 계속 국토의 할양을 요구할 것이옵니다. 하오니 전하, 차제에 6국이 남북, 즉 세로(縱)로 손을 잡는 합종책으로 진나라의 동진책을 막고 국토를 보존하시오소서. '차라리 닭의 부리가 될지언정 소의 꼬리는 되지 말라' 는 옛말도 있지 않사옵니까."

이러한 주장을 들은 각국의 임금은 조진의 말이 옳다고 받아들였다. 이리하여 소진은 연, 조, 제, 위, 한, 초의 6개국의 재상이 되었다. 이것은 완전 독립을 지켜 한 나라의 임금으로 행세하느냐, 아니면 큰 나라에 정복당하여 그 나라 임금의 신하가 되어 따르느냐 하는 것을 닭부리와 소의 꼬리로 비유한 말이다.

닭 계	새조 部, 21획, 한자능력검정 4급	鷄		
鷄	⺈ ⺈ ⺈ ⺈ ⺈ 奚 奚 奚 奚 奚 鷄 鷄 鷄 鷄 鷄 鷄 鷄 鷄 鷄 鷄			
鷄				
입 구	입구 部, 3획, 한자능력검정 7급	口		
口	ㅣ 口 口			
口				
소 우	소우 部, 4획, 한자능력검정 5급	牛		
牛	ノ � � 牛			
牛				
뒤 후	두인변 部, 9획, 한자능력검정 7급	後		
後	ノ ㇒ ㇒ 彳 彳 仫 祎 後 後			
後				

鷄	口	牛	後	鷄	口	牛	後

曲 學 阿 世

굽을 곡　　　배울 학　　　언덕 아　　　인간 세

: 학문을 굽히어 세속에 아첨한다는 뜻으로 정도를 벗어
난 학문으로 세상 사람에게 아첨함을 이르는 말.

고사성어 유래

　한나라 6대 황제인 경제는 즉위하자 천하에 널리 어진 선비를 찾다가 산동에 사는 원고생이라
는 시인을 등용하기로 했다. 그는 당시 90세의 고령이었으나 직언을 잘하는 대쪽 같은 선비로도
유명했다. 그래서 사이비 학자들은 원고생을 비난하는 상소를 올려 그의 등용을 적극 반대하였으
나 경제는 끝내 듣지 않았다.

　당시 원고생과 함께 등용된 소장 학자가 있었는데. 그 역시 산동사람으로 이름은 공손홍이었다.
공손홍은 원고생을 늙은이라고 깔보고 무시했지만 원고생은 전혀 개의치 않고 그에게 이렇게 말
했다.

　"지금 학문의 정도가 어지러워서 속설이 유행하고 있네. 이대로 두면 유서 깊은 학문의 전통은
결국 사설로 인해 그 본연의 모습을 잃고 말 것일세. 자네는 다행히 젊은데다가 학문을 좋아하는
선비라 들었네. 그러니 부디 올바른 학문을 열심히 닦아 세상에 널리 전파해주기 바라네. 결국 자
신이 믿는 학설을 굽히어 이 세상 속물들에게 아첨하는 일이 있어서는 안 되네."

　원고생의 말이 끝나자 공손홍은 몸둘 바를 몰랐다. 절조를 굽히지 않는 고매한 인격과 학식이
높은 원고생과 같은 눈앞의 태산북두를 보지 못한 자신이 부끄러웠기 때문이다. 공손홍은 당장 지
난날의 무례를 사과하고 원고생의 제자가 되었다.

굽을 곡 曲	가로왈 部, 6획, 한자능력검정 5급 丨 冂 冃 由 曲 曲	曲
曲		
배울 학 學	아들자 部, 16획, 한자능력검정 8급 ´ ⺀ ⻊ ⺊ ⺊ ⺊ ⺊ ⺊ ⺊ ⺊ ⺊ 與 學 學 學	學
學		
언덕 아 阿	좌부변 部, 8획, 한자능력검정 준3급 ´ ⻖ ⻖ ⻖ ⻖ 阿 阿 阿	阿
阿		
인간 세 世	한일 部, 5획, 한자능력검정 7급 一 十 卅 卅 世	世
世		

曲	學	阿	世	曲	學	阿	世

空 中 樓 閣

빌 **공**　　가운데 **중**　　다락 **누**　　집 **각**

: 헛된 망상이나 진실성이 없는 비현실적인 이야기 혹은
문장을 뜻함.

고사성어 유래

　어느 마을에 많은 돈을 가진 부자가 있었다. 이 사람은 이웃 마을에서 아주 아름다운 누각을 지었다는 소식을 듣고 그것을 구경 하러 갔다. 먼저 와 있던 많은 사람들이 누각을 보며 감탄했다.
　"참으로 훌륭한 누각이다. 특히 저 3층은 너무나 아름답구나."
　집에 돌아온 그는 곧 목수를 불렀다.
　"나는 3층 누각을 지으려 하네. 그러니 아주 훌륭한 3층 누각을 지어주게."
　목수는 일을 시작했다. 누각을 지을 터를 고르고 벽돌을 쌓아갔다. 그런데 웬일인지 부자는 화를 내며 소리쳤다.
　"지금 뭘하고 있는가? 3층 누각을 지으라 했는데 왜 벽돌을 쌓느냐는 말이네!"
　목수는 어이없다는 듯 부자를 빤히 바라보았다.
　"3층 누각을 지으려면 먼저 1층과 2층을 지어야 하지 않겠습니까? 그래야만 3층을 지을 수가 있으니까요."
　"그렇지 않아. 나는 3층만 필요해. 1층과 2층은 필요없단 말일세."
　그 말을 들은 목수는 현실성이 없고 무모한 생각을 가지고 있는 부자에게 오랜 시간 설명을 했지만 부자는 막무가내로 3층만 지어 달라고 우겨댔다.

빌 공	구멍혈 部, 8획, 한자능력검정 7급	空		
空	丶 丶 宀 宀 灾 空 空 空			
空				

가운데 중	뚫을곤 部, 4획, 한자능력검정 8급	中		
中	丶 口 口 中			
中				

다락 누	나무목 部, 15획, 한자능력검정 준3급	樓		
樓	一 十 才 木 木 机 机 枏 枏 枏 栖 槽 槽 樓 樓 樓			
樓				

집 각	문문 部, 14획, 한자능력검정 준3급	閣		
閣	丨 冂 冂 冃 冃 門 門 門 門 閂 閂 閣 閣 閣			
閣				

空	中	樓	閣	空	中	樓	閣

過 猶 不 及

지날 **과**　오히려 **유**　아니 **불**　미칠 **급**

: 정도가 지나친 것은 모자라는 것과 같다는 뜻.

고사성어 유래

《논어》의 〈선진편〉에 나오는 말이다.
어느 날 제자인 자공이 공자에게 물었다.
"선생님, 자장(子張)과 자하(子夏) 중 어느 쪽이 더 현명합니까?"
공자는 두 제자를 비교한 다음 이렇게 말했다.
"자장은 아무래도 매사에 지나친 면이 있고, 자하는 부족한 점이 많은 것 같다."
"그렇다면 자장이 낫겠군요?"
자공이 다시 묻자 공자는 이렇게 대답했다.
"그렇지 않다. 지나침은 모자란 것과 같다."
공자는 중용, 즉 어느 한 쪽으로 치우침 없이 도(道)를 말했던 것이다.

지날 과	책받침 部, 13획, 한자능력검정 5급	過		
過	㇀ ㅁ ㅁ ㅁ 咼 咼 咼 咼			
	咼 咼 過 過			
過				
오히려 유	개사슴록변 部, 12획, 한자능력검정 준3급	猶		
猶	㇀ ㇀ 犭 犭 犭 犭 犷 狞 狞			
	猶 猶 猶			
猶				
아니 불	한일 部, 4획, 한자능력검정 7급	不		
不	㇀ ㇀ ㇀ 不			
不				
미칠 급	또우 部, 4획, 한자능력검정 준3급	及		
及	ノ 丆 乃 及			
及				

過	猶	不	及	過	猶	不	及

矯角殺牛

바로잡을 교　뿔각　죽일살　소우

: 뿔을 고치려다 소를 죽인다는 말로, 곧 작은 일을 하려
다가 큰 일을 그르친다는 뜻.

고사성어 유래

　예전 중국에서는 종을 처음 만들 때 뿔이 곧게 나 있고 잘 생긴 소의 피를 종에 바르고 제사를 지
내는 풍습이 있었다. 한 농부가 제사에 사용할 소의 뿔이 조금 삐뚤어져 있어 균형 있게 바로잡으
려 팽팽하게 뿔을 동여매었더니 뿔이 뿌리째 빠져 소가 죽게 되었다. 지금도 그러하지만 당시 소
는 아주 중요한 재산이었다. 그 농부는 눈에 약간 거슬리는 것을 참지 못해 큰 손해를 본 것이다.
　이는 조그만 일에 힘쓰다가 큰일을 그르친다는 뜻으로, 굽은 것을 바로잡으려다가 지나치게 곧
게 하여 오히려 나쁘게 된다는 뜻의 교왕과직(矯枉過直)이나 작은 것을 탐하다가 큰 손실을 입는
다는 뜻의 소탐대실(小貪大失)과 비슷한 말이다. 우리 속담의 '빈대 잡으려다 초가삼간(草家三間)
다 태운다' 와도 같은 뜻이다.

바로잡을 교	화살시 部, 17획, 한자능력검정 3급	矯		
矯	ノ ト ト ヒ 矢 矢 矢 矫 矫 矫 矫 矫 矫 矫 矫 矫 矫			
矯				
뿔 각	뿔각 部, 7획, 한자능력검정 6급	角		
角	ノ ク 冂 角 角 角 角			
角				
죽일 살	갖은등글월문 部, 11획, 한자능력검정 준4급	殺		
殺	ノ メ 杀 ネ 杀 杀 杀 杀 殺 殺 殺			
殺				
소 우	소우 部, 4획, 한자능력검정 5급	牛		
牛	ノ 二 牛			
牛				

矯	角	殺	牛	矯	角	殺	牛

巧 言 令 色

공교할 교   말씀 언   하여금 영   빛 색

: 남에게 아첨하기 위해 듣기 좋게 꾸미는 말과 얼굴빛을 뜻함.

고사성어 유래

공자《논어》의 〈학이편〉에서 아첨꾼에 대해 이렇게 말했다.
"발라 맞추는 말과 아랑거리는 태도에는 '인(仁)'이 적다."
이것은 말재주가 교묘하고 표정을 보기 좋게 꾸미는 사람 중에 어진 사람은 거의 없다는 뜻이다.

공자는 이 말을 뒤집어서《논어》의 〈자로편〉에서 이렇게 말했다.
"강직 의연하고 질박 어눌한 사람은 '인'에 가깝다."
이는 의지가 굳고 용기가 있으며 꾸밈이 없고 말수가 적은 사람은 '인(덕을 갖춘 군자)'에 가깝다는 뜻이다.

공교할 교	장인공 部, 5획, 한자능력검정 준3급	巧		
巧	ー 丁 丁 丂 巧			
巧				
말씀 언	말씀언 部, 7획, 한자능력검정 6급	言		
言	丶 一 二 三 言 言 言			
言				
하여금 영	사람인 部, 5획, 상용한자	令		
令	丿 人 亼 令 令			
令				
빛 색	빛색 部, 6획, 한자능력검정 7급	色		
色	丿 ク 夕 各 危 色			
色				

巧	言	令	色	巧	言	令	色

群 鷄 一 鶴

무리 **군**　　닭 **계**　　한 **일**　　학 **학**

: 변변치 못한 여러 사람 중에서 홀로 뛰어난 사람.

고사성어 유래

　　이것은 《진서》의 〈혜소전〉에 나오는 이야기이다.

　　위진시대, 완적(阮籍), 완함(阮咸), 혜강(嵆康), 산도(山濤), 왕융(王戎), 유령(劉伶), 상수(尙秀) 곧 죽림 칠현(竹林七賢)으로 불리는 일곱 명의 선비가 있었다. 이들은 종종 지금의 하남성 북동부에 있는 죽림에 모여 노장의 허무 사상을 바탕으로 대화를 즐겼다.

　　그러던 어느 날 죽림 칠현 중 위나라 때 중산대부로 있던 혜강이 억울한 죄를 뒤집어쓰고 처형 당하는 일이 생겼다. 그때 혜강에게는 열 살 밖에 되지 않는 아들 혜소가 있었다. 혜소가 성장하자 산도는 그를 위나라를 멸하고 진나라를 세운 사마염(司馬炎)에게 천거했다.

　　"폐하, 《서경》의 〈강고편〉에는 부자간의 죄는 서로 연좌(連坐)하지 않는다고 적혀 있나이다. 혜소가 비록 혜강의 자식이긴 하오나 총명함이 춘추시대 진나라의 대부, 극결에게 결코 뒤지지 않사오니 그를 비서랑으로 기용하시오소서."

　　"그대가 이렇듯 추천하는 자라면 나는 능히 그를 감당할 것이오."

　　이리하여 혜소는 비서랑보다 한 계급 위인 비서승에 임명되었다. 혜소가 입궐하던 그 이튿날, 어떤 사람이 자못 감격하여 왕융에게 말했다.

　　"어제 구름처럼 많이 모인 사람들 틈에 끼어서 입궐하는 혜소를 보았습니다. 그 늠름한 모습은 마치 '닭의 무리 속에 우뚝 선 한 마리의 학'과 같았습니다."

　　그러자 왕융은 미소를 띠고 이렇게 말했다.

　　"그대는 혜소의 아버지를 본 적이 없겠지만 그는 혜소보다 훨씬 더 늠름했다네."

무리 군	양양 部, 13획, 한자능력검정 4급	群		
群	ㄱ ㄲ ㅋ 尹 尹 君 君 君 君 君 君 君 群 群			
群				
닭 계	새조 部, 21획, 한자능력검정 4급	鷄		
鷄	´ ⺈ ⺈ ⺈ ⺈ 爫 爫 爫 爫 爫 鷄 鷄 鷄 鷄 鷄 鷄 鷄 鷄 鷄 鷄			
鷄				
한 일	한일 部, 1획, 한자능력검정 8급	一		
一	一			
一				
학 학	새조 部, 21획, 한자능력검정 준3급	鶴		
鶴	´ ⺁ ⺮ ⺮ 雈 雈 雈 雈 雈 雈 雈 雈 雈 雈 雈 雈 鶴 鶴 鶴 鶴 鶴			
鶴				

群	鷄	一	鶴	群	鷄	一	鶴

勸 善 懲 惡

권할 권　　선할 선　　징계할 징　　악할 악

: 착한 일은 권하고 나쁜 일은 벌한다는 뜻.

고사성어 유래

　　노나라 성공(成公) 14년 9월에 제나라로 공녀(公女)를 맞이하러 가 있던 선백(宣伯)은 자신을 교여라 칭하고 부인 강씨를 데리고 돌아왔다. 자신을 교여라고 높여서 부른 것은 부인을 안심시켜 데리고 오기 위해서였다.

　　이보다 앞서 선백이 제나라로 공녀를 맞이하러 갔었을 때는 선백을 숙손(叔孫)이라고 불러 군주 (君主)의 사자로 높여 부르는 방법을 사용했다.

　　이러한 것을 본 군자(君子)는 이렇게 말한다.

　　"춘추시대의 호칭은 알기 어려운 것 같으면서도 알기 쉽고, 쉬운 것 같으면서도 뜻이 깊고, 빙글 빙글 도는 것 같으면서도 정돈되어 있고, 노골적인 표현을 쓰지만 품위가 없지 않으며, 악행을 징 계하고 선행을 권한다. 성인이 아니고서야 누가 이렇게 지을 수 있겠는가?'

　　'권선징악(勸善懲惡)'은 바로 여기에서 유래되었다.

권할 권	힘력 部, 20획, 한자능력검정 4급	勸		
勸	`丶 丆 十 廿 廿 甘 甘 甘 甘 苗` `苣 苣 苣 萑 萑 萑 雚 雚 勸`			
勸				
선할 선	입구 部, 12획, 한자능력검정 5급	善		
善	`丶 丷 𠂉 丷 丷 羊 羊 善 善` `善 善 善`			
善				
징계할 징	마음심 部, 19획, 한자능력검정 3급	懲		
懲	`丿 彳 彳 彳 彳 彳 彳 徉 徉` `徵 徵 徵 徵 徵 徵 懲 懲 懲`			
懲				
악할 악	마음심 部, 12획, 한자능력검정 5급	惡		
惡	`一 一 丌 丌 亞 亞 亞 亞 亞` `惡 惡 惡`			
惡				

勸	善	懲	惡	勸	善	懲	惡

捲 土 重 來

말 권　　　흙 토　　　거듭할 중　　　올 래

: 말이 흙먼지를 일으키며 다시 쳐들어온다는 말로, 한 번 실패한 자가 태세를 가다듬어 다시 공격해 온다는 뜻.

고사성어 유래

이 말은 당나라 말기의 시인 두목의 시 「제오강정」에 나오는 마지막 구절이다.

승패병가불가기 (勝敗兵家不可期) 승패는 병가도 기약할 수 없으니
포수인치시남아 (包羞忍恥是男兒) 분함을 참고 욕됨을 견디는 것이 사나이라.
강동자제준재다 (江東子弟俊才多) 강동의 자제 중에는 준재가 많으니
권토중래미가지 (捲土重來未可知) 흙먼지 날리며 돌아오는 날을 알 수 없구나.

오강은 초패왕 항우가 스스로 목을 쳐서 자결한 곳이다. 한왕 유방과 해하(垓下 : 안휘성 내)에서 펼친 운명과 흥망을 건 한판 승부에서 패한 항우는 오강으로 도망 가 정장(亭長)으로부터 강동(양자강 하류 이남의 땅)으로 돌아가 재기하라는 권유를 받았다. 그러나 항우는 "8년 전 강동의 8000여 자제와 함께 떠난 내가 지금 혼자 무슨 면목으로 강을 건너 강동으로 돌아가 부형을 대할 것인가"라며 파란만장한 31년의 생애를 마쳤다.

항우가 죽은 지 1000여 년이 지난 어느 날, 두목은 오강의 객사(客舍)에서 일세의 풍운아, 단순하고 격한 성격의 항우, 힘은 산을 뽑고 의기는 세상을 덮는 장사 항우, 사면초가 속에서 애인 우미인과 헤어질 때 보여 준 인간적인 매력도 있는 항우를 생각했다. 그리고 그는 '강동의 부형에 대한 부끄러움'을 참으면 강동은 준재가 많은 곳이므로 권토중래할 수 있는 기회가 있었을 텐데도 그렇게 하지 않고 31세의 젊은 나이로 자결한 항우를 애석히 여기며 이 시를 읊었다.

말 권	재방변 部, 11획, 한자능력검정 1급	捲		
捲	一 十 扌 扌 扌 扑 捲 捲 捲 捲			
捲				

흙 토	흙토 部, 3획, 한자능력검정 8급	土		
土	一 十 土			
土				

거듭할 중	마을리 部, 9획, 한자능력검정 7급	重		
重	一 二 千 台 台 盲 重 重 重			
重				

올 래	사람인 部, 8획, 한자능력검정 7급	來		
來	一 十 十 才 來 來 來 來			
來				

捲	土	重	來	捲	土	重	來

錦 上 添 花

비단 금　　　위 상　　　더할 첨　　　꽃 화

: 좋고 아름다운 것 위에 더 좋은 것을 뜻함.

　북송(北宋) 때 당송팔대가(唐宋八大家)의 한 사람인 왕안석(王安石)이 정계를 떠나 만년에 남경의 한적한 곳에서 은둔할 때 지은 시 「즉사」에 나오는 구절이다.

하류남원안서사 (河流南苑岸西斜) 강은 남원을 흘러 언덕 서쪽으로 기우는데
풍유정광노유화 (風有晶光露有華) 바람엔 맑은 빛이 있고 이슬에는 꽃의 화려함이 있네.
문유고인도령택 (門柳故人陶令宅) 문앞의 버들은 옛 도령의 집이요,
정동전일총지가 (井桐前日總持家) 우물가의 오동은 전날 총지의 집이라.
가초욕리배중록 (嘉招欲覆盃中淥) 좋은 모임에서 술잔을 거듭 비우려 하는데
여창잉첨금상화 (麗唱仍添錦上花) 아름다운 노래는 비단 위에 꽃을 더한 듯
편작무릉준조객 (便作武陵樽俎客) 문득 무릉의 술과 안주를 즐기는 손이 되어
천원응미소홍하 (川源應未少紅霞) 내 근원에 응당 붉은 노을이 적지 않으리라.

금상첨화는 이 시에서 유래된 말이다.

비단 금	쇠금 部, 16획, 한자능력검정 준3급	錦		
錦	ノ 人 上 比 牟 牟 金 金 金 金 金 金 金 錦 錦			
錦				

위 상	한일 部, 3획, 한자능력검정 7급	上		
上	丨 十 上			
上				

더할 첨	삼수변 部, 11획, 한자능력검정 3급	添		
添	丶 丶 氵 汀 汙 沃 沃 添 添 添 添			
添				

꽃 화	초두머리 部, 8획, 한자능력검정 7급	花		
花	一 十 世 世 世 花 花			
花				

錦	上	添	花	錦	上	添	花

錦 衣 還 鄉

비단 **금**   옷 **의**   돌아올 **환**   시골 **향**

: 타향에서 크게 성공하여 자기 고향으로 돌아감을 뜻함.

고사성어 유래

　이 말의 출전은 《사기》의 〈항우본기〉이다. 금의(錦衣)는 화려하게 수놓은 '비단옷' 이라는 뜻이다. 옛날에는 왕이나 고관들이 입던 옷으로 출세의 상징이었다. 이 말은 비단옷을 입고 고향에 돌아간다는 뜻으로, 출세하여 고향을 찾는 것을 뜻한다.

　초나라와 한나라의 전쟁이 한창일 때의 이야기이다. 유방(劉邦)이 먼저 진나라의 도읍인 함양을 차지하자, 화가 난 항우가 대군을 몰고 홍문(鴻門)까지 진격하였다. 이때 유방은 장량(張良)과 범증(范增)의 건의로 순순히 항우에게 함양을 양보하였다. 함양에 입성한 항우는 유방과는 대조적으로 아방궁을 불태우는가 하면 궁중의 금은보화를 마구 약탈하고 궁녀들을 겁탈했으며, 시황제(始皇帝)의 묘까지 파헤쳤다. 항우는 스스로 망쳐놓은 함양이 마음에 들지 않아 고향인 팽성(彭城)에 도읍을 정하려 하였다.

　신하들은 항우가 예로부터 패왕(覇王)의 땅이었던 함양을 버리고 보잘것없는 팽성으로 도읍을 옮기겠다고 하자 모두 할 말을 잃었다. 이때 간의대부(諫議大夫) 한생(韓生)이 간언했지만 항우는 오히려 화를 내면서 이렇게 말하였다.

　"지금 길거리에서 '부귀하여 고향에 돌아가지 못하면 비단옷을 입고 밤길을 가는 것과 무엇이 다르리!' 라는 노래가 떠돌고 있다고 하더군. 이건 바로 나를 두고 하는 말이야. 그러니 어서 길일(吉日)을 택하여 천도하도록 하라."

　그래도 한생이 간언을 그치지 않자, 항우는 그를 기름이 끓는 가마 속에 넣어 죽이고 말았다. 하지만 이 노래는 항우가 천하의 요새인 함양에 있는 한 유방이 승리할 수 없으므로 항우를 함양에서 내쫓기 위해 장량이 퍼뜨린 것이었다. 그렇지 않아도 함양을 싫어했던 항우는 그 노래가 하늘의 뜻이라고 판단하여 마침내 팽성으로 천도하게 되었다.

　결국 항우는 함양을 차지한 유방에게 해하(垓下)에서 크게 패해 천하를 넘겨주고 만다. '금의환향' 으로 자신의 공덕을 고향 사람들에게 널리 알리기는 하였지만 천하를 잃고 만 셈이다.

비단 금 錦	쇠금 部, 16획, 한자능력검정 준3급 ノ ナ ゲ ヒ ヒ 牟 全 金 金 金ˊ 釒 釣 釣 釣 釣 錦 錦	錦
錦		
옷 의 衣	옷의 部, 6획, 한자능력검정 6급 、 一 ナ ナ 衣 衣	衣
衣		
돌아올 환 還	책받침 部, 17획, 한자능력검정 준3급 、 口 皿 皿 皿 皿 罒 罒 罒 罒 罨 罨 罨 罨 還 還	還
還		
시골 향 鄉	우부방 部, 13획, 한자능력검정 준4급 ˊ ㄠ ㄠ ㄠ ㄠ 幻 幻 幻 幻 絶 絶ˊ 絶ˊ 鄉	鄉
鄉		

錦	衣	還	鄉	錦	衣	還	鄉

起 死 回 生

일어날 기　　죽을 사　　돌아올 회　　날 생

: 중병으로 죽을 뻔하다가 살아남을 뜻함.

고사성어 유래

이 말의 출전은 《오월춘추》의 〈여씨춘추〉이다.

월나라의 구천(句踐)은 아버지 윤상(允常) 때에 눈부신 발전을 했다. 그 후 보위를 이어받은 구천은 합려의 아들 부차와 한판 승부를 벌인 것으로 유명하다. 월왕 구천이 합려의 공격을 받자 능란한 작전을 펼쳐 오왕 합려에게 부상을 입혔다. 이러한 전과를 올린 것은 모두가 3열의 자살 부대 덕분이었다. 오나라 진영에 투입된 자살 부대는 오나라 진영 앞에서 갑자기 제 목을 찔러 분수처럼 피를 쏟으며 넘어졌다. 오나라 진영에서는 영문을 몰라 어리둥절하고 있는데 물밀듯이 월나라 군사들이 내쳐와 승리를 낚아 챈 것이다. 이때에 부상을 입은 합려는 태자인 부차를 앉혀 놓고 물었다.

"너는 월나라의 구천이 아비를 죽인 것을 잊을 터이냐?"

"어찌 잊겠습니까. 3년 안에 반드시 복수를 하겠습니다."

합려는 그 말을 듣고 편안히 눈을 감았다.

이때부터 부차는 매일 장작더미 위에서 잠을 자며 부친의 원한을 생각했다. 밖으로 군비를 정돈하고 내정을 단단히 한 다음 복수가 무르익기를 기다렸다.

마침내 기원전 494년. 오왕 부차는 정병을 이끌고 월나라를 공격했다. 부초산에서 크게 월나라 병사들을 깨트리자 구천은 5천의 정병을 이끌고 회계산으로 물러났다. 그러나 시일이 흐를수록 대세가 그른 것을 알자 화의를 청했다. 구천 자신은 오왕의 신하가 되고 그의 부인은 오왕의 첩으로 바치겠다는 굴욕적인 항복이었다. 그러자 오자서가 반대했다.

"반드시 나중에 화를 입게 됩니다."

그러나 부차는 오자서의 충언을 물리치고 구천의 목숨을 살려주었다. 그러자 구천이 말했다.

"대왕께서 신을 살려주신 것은 마치 죽은 사람에게 살을 입혀 일으켜 세운 것과 같습니다. 그러니 그 깊은 은혜를 어찌 잊을 수 있겠습니까!"

다시 말해 부차는 백골에 살을 붙여 살리듯이 구천의 목숨을 회생시켜 준 것이다.

일어나 기 起	달아날주 部, 10획, 한자능력검정 준4급 一 十 土 キ 丰 丰 走 走 起 起	起		
起				

죽을 사 死	죽을사변 部, 6획, 한자능력검정 6급 一 厂 歹 歹 歹 死	死		
死				

돌아올 회 回	큰입구몸 部, 6획, 한자능력검정 준4급 丨 冂 冂 冋 回 回	回		
回				

날 생 生	날생 部, 5획, 한자능력검정 8급 丿 𠂉 ㄷ 牛 生	生		
生				

起	死	回	生	起	死	回	生

騎 虎 之 勢

말탈 **기**　　　범 **호**　　　갈 **지**　　　기세 **세**

: 호랑이를 타고 달리는 기세라는 말로 곧 중도에서 그
만둘 수 없는 형세, 내친걸음을 뜻함.

고사성어 유래

　이 이야기는 《기호난하》의 〈수서〉에서 출전되었다.

　남북조 시대 말엽인 581년, 북조 최후의 왕조인 북주(北周)의 선제(宣帝)가 죽자, 재상 양견(楊堅)은 즉시 입궐하여 국사를 총괄했다. 외척이지만 한족이었던 그는 일찍이 오랑캐인 선비족에게 **빼앗**긴 이 땅에 한족의 천하를 회복하겠다는 큰 뜻을 품고 때가 오기만을 기다리고 있던 참에 선제가 죽은 것이다.

　양견에게는 독고씨라는 아내가 있었다. 독고씨는 남자보다 기승스럽고 남보다 몇 배나 영리했다. 남편의 정무에 대해서도 좋은 의견을 말하여 정치가 잘 되어 나가도록 배려했다. 그것도 마누라가 참견했다고 남들이 알면 남편의 체면이 떨어질까 봐 궁정의 관원을 통해 간접적으로 진언했다.

　양견이 궁중에서 모반을 꾀하고 있을 때 이미 양견의 뜻을 알고 있는 아내 독고씨로부터 전간(傳簡)이 왔다.

　"호랑이를 타고 달리는 기세이므로 도중에 내릴 수 없는 일입니다. 만약 도중에 내리면 잡혀 먹히고 말 것입니다. 그러니 호랑이와 끝까지 가지 않으면 안 됩니다. 부디 목적을 달성하시오소서."

　독고씨는 남편이 막대한 권력을 장악한 지금이야말로 북주를 쓰러뜨리고 황제의 자리를 **빼앗**을 기회라고 보았던 것이다. 그리고 그 정세를 기호지세에 비유하여 남편을 부추겼다.

　이에 용기를 얻은 그는 선제의 뒤를 이어 즉위한 나이 어린 정제(靜帝)를 폐하고 스스로 제위(帝位)에 올라 문제(文帝)라 일컫고 국호를 수(隋)라고 정했다. 그로부터 8년 후인 589년, 문제는 남조(南朝) 최후의 왕조인 진나라마저 멸하게 하고 마침내 천하를 통일했다.

말탈 기	말마 部, 18획, 한자능력검정 준3급	騎		
騎	丨 厂 厂 丨 丨 馬 馬 馬 馬 馬 馬 馰 馰 馰 騂 騎 騎 騎			
騎				
범호	범호밑 部, 8획, 한자능력검정 준3급	虎		
虎	丨 丨 丨 广 户 虍 虏 虎			
虎				
갈 지	삐침별 部, 4획, 한자능력검정 준3급	之		
之	丶 亠 ㇇ 之			
之				
기세 세	힘력 部, 13획, 한자능력검정 준4급	勢		
勢	一 十 土 士 圥 去 坴 幸 執 執 執 埶 勢			
勢				

騎	虎	之	勢	騎	虎	之	勢

暖 衣 飽 食

따뜻할 난　　　옷 의　　　배부를 포　　　먹을 식

: 따뜻한 옷에 음식을 배불리 먹는다는 말로 생활에 부
자유스러움이 없음을 뜻함.

고사성어 유래

등문공(騰文公)이 맹자에게 신하를 보내 정전법(井田法)에 대해 물었다. 이에 맹자는 이렇게 대답했다.

"당신의 군주께서는 인정을 베푸시고자 많은 신하 가운데 당신을 선정하여 내게 보내셨습니다. 그러니 내가 하는 말을 잘 들어주십시오. 대체로 인정(仁政)이라는 것은 먼저 밭의 경계선을 명확히 하는 것으로부터 시작됩니다. 경계가 확실치 않으면 아무리 정전법을 시행하여도 균형이 깨지며 관리의 녹봉도 그것에 의해 정해지거나 불공평한 일이 생기게 됩니다. 그러기에 폭군이나 탐관이 있는 곳은 경계가 불확실한 것이 특징입니다. 경계를 확실히 정해 두면 정확히 밭을 분할할 수가 있고, 농작물의 수확량을 기초로 녹봉을 결정하는 게 쉬워집니다. 인간의 생활이란 분업을 하는 것입니다. 원시적인 자급자조만으로는 나라의 기틀을 공고히 할 수가 없습니다."

그 당시 묵자의 영향을 받은 허행이라는 이가 송나라로부터 등나라에 들어와 살고 있었다. 그는 거친 옷을 입고 자신이 지은 것으로 음식을 해먹고 있었다. 언젠가 그는 등문공에게 임금도 백성과 마찬가지로 손수 농사를 지어야 한다고 말한 바 있는 인물이었다.

"농기구나 그릇 등 당장에 쓰지 않는 물건은 필요한 이웃의 쓰지 않은 물건과 바꾸는 것이 좋습니다. 우 임금 같은 분은 여덟 해 동안 아홉 개의 큰 강을 막으셨으며 자신의 집 앞을 지나가면서도 세 번이나 들어가지 못했다고 합니다. 군왕과 선각자들이 강을 막고 농사짓는 법을 가르쳐 주어 백성들이 따뜻한 옷을 입고 배불리 먹고 사는 것(暖衣飽食)이 아니겠습니까."

따뜻할 난	날일 部, 13획, 한자능력검정 준4급	暖		
暖	丨 冂 日 日 旷 旷 旷 旷 旷 旷 旷 昭 暖 暖			
暖				
옷 의	옷의 部, 6획, 한자능력검정 6급	衣		
衣	丶 亠 亠 宁 衣 衣			
衣				
배부를 포	밥식 部, 14획, 한자능력검정 3급	飽		
飽	丿 丿 乍 乍 乍 乍 食 食 食 食 飠 飵 飽 飽			
飽				
먹을 식	밥식 部, 9획, 한자능력검정 7급	食		
食	丿 人 人 今 今 今 食 食 食			
食				

暖	衣	飽	食	暖	衣	飽	食

難 兄 難 弟

어려울 **난**   형 **형**   어려울 **난**   아우 **제**

: 옳고 그름을 분간하기 어려워 우열을 가리기 어렵다는 뜻.

고사성어 유래

이는 남조(南朝) 송(宋)의 유의경(劉義慶)이 쓴《세설신어》〈숙혜편〉에 나오는 말이다.

중국 한나라 진원방의 아들 장문과 그의 사촌, 즉 원방의 동생 계방의 아들 효선이 서로 자기 아버지의 공덕이 더 훌륭하다고 주장하다가 도무지 결말이 나지 않자 할아버지를 찾아갔다. 할아버지에게 이에 대한 판결을 내려줄 것을 호소하자 할아버지는 이렇게 대답하였다.

"원방도 형 되기가 어렵고 계방도 동생되기가 어렵다."

결국 형도 훌륭한 동생의 형 노릇을 하기가 어렵고 동생 역시 훌륭한 형의 동생 노릇하기가 어려운 형편이니 이는 누가 보다 훌륭하고 못한지를 가릴 수 없다는 의미이다.

어려울 난 難	새추 部, 19획, 한자능력검정 준4급 一 十 艹 艹 艹 芇 苩 莒 莒 蔕 蔕 蔕 蔐 蔐 蔫 蔫 蔫 難 難	難
難		

형 형 兄	어진사람인 部, 5획, 한자능력검정 8급 丶 冖 口 尸 兄	兄
兄		

어려울 난 難	새추 部, 19획, 한자능력검정 준4급 一 十 艹 艹 艹 芇 苩 莒 莒 蔕 蔕 蔕 蔐 蔐 蔫 蔫 蔫 難 難	難
難		

아우 제 弟	활궁 部, 7획, 한자능력검정 8급 丶 丷 丷 尸 弓 弟 弟	弟
弟		

難	兄	難	弟	難	兄	難	弟

南 柯 一 夢

남녘 남　　가지 가　　한 일　　꿈 몽

: 덧없는 한때의 꿈, 인생의 덧없음을 비유한 뜻.

고사성어 유래

　당나라 9대의 황제인 덕종(德宗 : 780~804년) 때 광릉(廣陵) 땅에 순우분이란 사람이 있었다. 어느 날, 순우분이 술에 취해 집 앞의 큰 홰나무 밑에서 잠이 들었다. 그러나 남색 관복을 입은 두 사나이가 나타나더니 이렇게 말했다.

　"저희는 괴안국왕(槐安國王)의 명을 받고 대인(大人)을 모시러 온 사신이옵니다."

　순우분이 사신을 따라 홰나무 구멍 속으로 들어가자 국왕이 성문 앞에서 반가이 맞이했다. 순우분은 부마(駙馬)가 되어 궁궐에서 영화를 누리다가 남가태수를 제수(除授) 받고 부임했다. 남가군(南柯郡)을 다스린 지 20년, 그는 그간의 치적을 인정받아 재상이 되었다. 그러나 때마침 침공해 온 단라국군(檀羅國軍)에게 참패하고 말았다. 설상가상(雪上加霜)으로 아내까지 병으로 죽자 관직을 버리고 상경했다. 얼마 후 국왕은 '천도(遷都)해야 할 조짐이 보인다'며 순우분을 고향으로 돌려 보냈다.

　잠에서 깨어난 순우분은 꿈이 하도 이상해서 홰나무 뿌리 부분을 살펴보았다. 과연 구멍이 있었다. 그 구멍을 더듬어 나가자 넓은 공간에 수많은 개미의 무리가 두 마리의 왕개미를 둘러싸고 있었다. 여기가 괴안국이었고, 왕개미는 국왕 내외였던 것이다. 또 거기서 '남쪽으로 뻗은 가지(南柯)'에 나 있는 구멍에도 개미떼가 있었는데 그곳이 바로 남가군이었다.

　순우분은 개미 구멍을 원상대로 고쳐 놓았지만 그날 밤에 큰 비가 내렸다. 이튿날 구멍을 살펴보았으나 개미는 흔적도 없이 사라졌다. '천도해야 할 조짐'이란 바로 이 일이었던 것이다.

—52—

남녘 남	열십 部, 9획, 한자능력검정 8급	南		
南	一 十 ナ ヤ 内 内 内 南 南 南			
南				
가지 가	나무목 部, 9획, 한자능력검정 2급	柯		
柯	一 十 才 木 木 木 杧 朸 柯			
柯				
한 일	한일 部, 1획, 한자능력검정 8급	一		
一	一			
一				
꿈 몽	저녁석 部, 14획, 한자능력검정 준3급	夢		
夢	一 十 艹 芍 苎 苎 苔 苔 莔 莔 茜 夢 夢 夢			
夢				

南	柯	一	夢	南	柯	一	夢

多 多 益 善

많을 **다**　　많을 **다**　　더할 **익**　　착할 **선**

: 많은 수록 좋다는 뜻.

고사성어 유래

《사기》의 〈회음후열전〉에 이러한 이야기가 있다.

　한나라 고조 유방(劉邦)은 명장으로서 천하 통일의 일등 공신인 초왕(楚王) 한신(韓信)을 위험한 존재로 여겼다. 그래서 계략을 써 그를 포박한 후 회음후(淮陰侯)로 좌천시키고 도읍 장안(長安)을 벗어나지 못하게 했다.

　어느 날, 고조는 한신과 여러 장군의 능력에 대해서 이야기를 나누던 끝에 이렇게 물었다.

　"과인은 몇 만의 군사를 통솔할 수 있는 장수감이라고 생각하오?"

　"아뢰옵기 황공하오나 폐하께서는 한 10만쯤 거느릴 수 있으실 것으로 생각하나이다."

　"그렇다면 그대는?"

　"예, 신(臣)은 '다다익선'이옵니다."

　"다다익선? 하하하……."

　고조는 한바탕 웃고 나서 물었다.

　"다다익선이란 그대가 어찌하여 10만의 장수감에 불과한 과인의 포로가 되었는고?"

　한신은 이렇게 대답했다.

　"하오나 폐하, 그것은 별개의 문제이옵니다. 폐하께서는 병사의 장수가 아니오라 장수의 장수이시옵니다. 이것이 신이 폐하의 포로가 된 이유의 전부이옵니다. 더욱이 폐하의 자리는 하늘이 주는 것이지, 인력으로 되는 것이 아닙니다."

많을 다	저녁석 部, 6획, 한자능력검정 6급	多		
多	ノ ク 夕 夕 多 多			
多				
많을 다	저녁석 部, 6획, 한자능력검정 6급	多		
多	ノ ク 夕 夕 多 多			
多				
더할 익	그릇명받침 部, 10획, 한자능력검정 준4급	益		
益	ノ 八 公 六 米 分 谷 谷 益 益			
益				
착할 선	입구 部, 12획, 한자능력검정 5급	善		
善	丶 丷 ᅩ ᅡ ᅳ 羊 羊 羊 羊 善 善 善			
善				

多	多	益	善	多	多	益	善

螳 螂 拒 轍

사마귀 **당**　　사마귀 **랑**　　막을 **거**　　바퀴자국 **철**

: 사마귀(螳螂)가 앞발을 들고 수레바퀴를 가로막는다는
뜻으로, 분수를 모르고 대듦을 뜻함.

고사성어 유래

《한시외전》〈권팔〉에는 다음과 같은 이야기가 실려 있다.

춘추시대, 제나라 장공 때의 일이다. 어느 날 장공이 수레를 타고 사냥터로 가던 도중 웬 벌레 한
마리가 앞발을 '도끼처럼 휘두르며' 수레바퀴를 칠 듯이 덤벼드는 것을 보았다.

"허, 맹랑한 놈이군. 저건 무슨 벌레인고?"

장공이 묻자 수레를 호종하던 신하가 대답했다.

"사마귀라는 벌레이옵니다. 앞으로 나아갈 줄만 알지 물러설 줄은 모르는 놈이온데, 제 힘도 생
각지 않고 강적에게 마구 덤벼드는 버릇이 있사옵니다."

장공은 고개를 끄덕이며 이렇게 말했다.

"저 벌레가 인간이라면 틀림없이 천하무적의 용사가 되었을 것이다. 비록 미물이지만 그 용기
가 가상하니, 수레를 돌려 피해가도록 하라."

《장자》의 〈인간세편〉에는 다음과 같은 이야기가 나온다.

어느 날 장자는 질문을 받았다. 그에 대한 물음과 답변이다.

"광포하기 이를 데 없고 지혜 없는 군왕을 섬기는데 어떻게 하면 좋습니까?"

"우선은 신중하게 자신의 행동을 바로 잡아서 상대방으로 하여금 감화하도록 힘을 써야 한다.
상대를 대할 때에 사마귀처럼 두 발을 치켜들고 수레바퀴에 덤비는 듯한 행동은 제 소임을 다하지
못한다."

사마귀 당	벌레충 部, 17획, 한자능력검정 1급	螳		
螳	丶 冂 口 虫 虫 虫 虻 虻 虻 螞 螞 螞 螳 螳 螳 螳 螳			
螳				
사마귀 랑	벌레충 部, 16획, 상용 한자	螂		
螂	丶 冂 口 虫 虫 虫 虻 虻 虻 螂 螂 蜋 蜋 蜋 螂			
螂				
막을 거	재방변 部, 8획, 한자능력검정 4급	拒		
拒	一 十 扌 扩 拒 拒 拒			
拒				
바퀴자국 철	수레거 部, 19획, 한자능력검정 1급	轍		
轍	一 厂 厂 育 自 亘 車 軒 軒 軒 軒 軒 軒 軒 軒 軒 軒 軒 轍			
轍				

螳	螂	拒	轍	螳	螂	拒	轍

大 器 晚 成

큰 대　　그릇 기　　늦을 만　　이룰 성

: 크게 될 사람은 늦게 이루어진다는 뜻.

고사성어 유래

위나라에 최담이라는 용맹스러운 장군이 있었다. 그에게는 최임이라는 사촌 동생이 있었는데, 그는 힘도 약할 뿐 아니라 최담이 대장군이 될 때까지 변변한 벼슬조차 얻지 못했다. 사람들은 그런 최임을 바보라고 놀렸다. 하지만 최담은 항상 동생 편을 들었다.

"대기만성이라, 큰 그릇은 더디게 만들어진다네. 사람도 마찬가지야. 자네도 언젠가는 큰 사람이 될 걸세."

그러던 어느 날, 최임에게 왕의 편지가 날아들었다. 그것은 최임을 왕의 보좌관으로 임명한다는 내용의 편지였다. 비로소 벼슬길에 오르게 된 최임은 형 최담의 예상대로 일을 훌륭히 처리하는 큰 인물이 되었다.

큰 대	큰대 部, 3획, 한자능력검정 8급	大		
大	一 ナ 大			
大				
그릇 기	입구 部, 16획, 한자능력검정 준4급	器		
器	୲ ୲ ୲ ୲ ୲ ୲ ୲ ୲ ୲ 哭 哭 器 器 器 器 器			
器				
늦을 만	날일 部, 11획, 한자능력검정 준3급	晩		
晩	｜ 冂 日 日 日′ 日夕 日夕 昡 昡 晄 晩			
晩				
이룰 성	창과 部, 7획, 한자능력검정 6급	成		
成	ｊ 厂 厂 厉 成 成 成			
成				

大	器	晩	成	大	器	晩	成

大 同 小 異

큰 **대** 한가지 **동** 작을 **소** 다를 **이**

: 거의 같고 조금은 다름을 뜻함.

고사성어 유래

장자는 〈천하편〉에서 묵가와 법가의 학설을 비판하고 도가사상을 선양했다. 장자의 친구 혜시 (惠施)는 다음과 같이 말했다.

"하늘은 땅보다 낮고 산은 연못보다 평평하다. 해는 중천에 뜨지만 장차 기울어지고 만물은 태어나지만 장차엔 죽는다. 크게 보면 한가지이지만 작게 보면 각기 다르다."

만물은 모두 같고 모두 다르다고 하는 것이 대동소이이다.

〈소요유편〉에 의하면 인간의 육체적인 감각기능에만 들을 것을 못 듣고 볼 것을 못 본다는 것은 아니다. 정신적인 지각 능력에도 그와 똑같다는 것이다. 소경에겐 아름다운 것이 보이지 않는다. 귀머거리에게는 아름다운 소리가 들리지 않는다. 이와 마찬가지로 사람에겐 한없이 아름다운 생각과 천박한 지식으로 인해 귀가 어두워지고 생각이 어두워진다고 했다. 그러므로 세상에서 말하는 지혜는 큰 도둑의 심부름꾼이라는 것이다.

《장자》〈제물편〉에 의하면 모든 존재는 저것과 이것으로 구분된다. 그러나 저쪽에서 보면 이것이 저것이 되고 저것이 이것이 된다. 이것과 저것은 상대적인 개념이다.

모든 사물은 있는 그대로의 모습으로 관찰하면 어느 것 하나 같은 것이 없다. 우리의 몸, 한 곳에 붙어 있는 간과 쓸개도 초나라와 월나라만큼 간격이 있다. 그러나 차별의 배후에 있는 근거를 파고들면 모든 사물은 결국 하나에 지나지 않는다. 즉, 각기 하나의 사물은 그 자체가 잠시 동안도 쉴 새 없이 변화를 한다.

큰 대	큰대 部, 3획, 한자능력검정 8급			大		
大	一 ナ 大					
大						
한가지 동	입구 部, 6획, 한자능력검정 7급			同		
同	丨 冂 冂 冋 同 同					
同						
작을 소	작을소 部, 3획, 한자능력검정 8급			小		
小	亅 小 小					
小						
다를 이	밭전 部, 11획, 한자능력검정 4급			異		
異	丨 冂 日 田 田 罒 甼 畢 畢 異 異					
異						

大	同	小	異	大	同	小	異

讀 書 亡 羊

읽을 독   글 서   잃을 망   양 양

: 어떠한 일에 정신을 빼앗겨 중요한 것을 잃어버린다는 뜻.

고사성어 유래

장(臧)이라는 하인과 곡(穀)이라는 하녀가 있었다. 그 둘은 한집에 살면서 양을 돌보고 있었다. 그런데 어느 날 둘은 똑같이 양을 잃어버렸다. 그래서 주인이 그 연유를 물었고, 둘은 해명했다.

먼저 장이 말했다.

"사실을 말씀 드리자면, 제가 지금 들고 있는 이 대나무에 씌여 있는 글을 읽고 있었습니다. 잠시 후 고개를 돌려보니 양이 사라지고 없었습니다."

이번에는 곡이 말했다.

"저는 주사위 놀이를 하고 있었는데 한참이 지나 보니 양이 보이지 않았습니다."

주인은 둘의 경우는 서로 한 일은 달랐지만 양을 놓쳐 버린 것은 같다고 지적했다. 이를테면 책을 읽거나 주사위 놀이를 하다가 양을 잃어버렸다는 것은 정신을 빼앗긴 결과다. 이것은 마음이 밖에 있어 도리를 빼앗긴 결과였다.

읽을 독 **讀** 讀	말씀언 部, 22획, 한자능력검정 6급 丶 亠 亠 言 言 言 言 言 訁 訁 訁 訁 讀 讀 讀 讀 讀 讀 讀 讀 讀 讀 讀	讀
글 서 **書** 書	가로왈 部, 10획, 한자능력검정 6급 フ フ ヨ ヨ 聿 聿 書 書 書 書	書
잃을 망 **亡** 亡	돼지해머리 部, 3획, 한자능력검정 5급 丶 亠 亡	亡
양 양 **羊** 羊	양양 部, 6획, 한자능력검정 준4급 丶 丷 丷 兰 羊 羊	羊

讀	書	亡	羊	讀	書	亡	羊

同 工 異 曲

같을 **동**   장인 **공**   다를 **이**   가락 **곡**

: 시문을 짓는 기교는 똑같으나 그 취향은 다르다는 말로 겉만 다를 뿐 내용은 똑같다는 뜻.

고사성어 유래

이 말은 당송팔대가의 한 사람인 당나라 대문장가, 한유의 〈진학해〉에 나오는 말이다.

이 글은 선생과 학생이 대화하는 형식으로 되어 있지만 실제로는 한유의 자문자답이다.

선생이 학생들에게 훈계를 한다.

"설령 이 세상에서 벼슬자리를 얻지 못했다 하더라도 관직의 불공평한 것을 말하는 것은 좋지 않다. 오히려 자신이 제대로 학업을 닦지 못한 것을 반성하여 책망하고 한층 노력하는 것이야말로 바람직한 자세인 것이다."

그러자 한 학생이 이해할 수 없다는 듯이 반문했다.

"선생님은 모든 학문을 닦으시고 옛날의 대문장가 못지않은 글을 지으셨으며 인격에 있어서도 전혀 나무랄 데가 없습니다. 하지만 지금의 선생님은 사람들의 신임을 받지 못하고 자칫하면 죄까지 뒤집어 쓸 형편이지만 친구분들의 도움도 받지 못하고 있습니다. 그러면서 어떻게 저희들에게 처세의 도리를 말씀하실 수 있습니까?"

선생은 이렇게 대답했다.

"공자나 맹자도 세상에 받아들여지지 않아서 불행한 생애를 보냈다. 나는 이 분들에 비하면 아무것도 아니다. 벼슬을 하여 녹봉을 받아 처자를 부양하며 편히 살고 있잖느냐. 그러니 사람들로부터 헐뜯음을 당한다 해도 이상할 것 없고 지금의 형편도 과분하다."

같을 동	입구 部, 6획, 한자능력검정 7급			同		
同	丨 冂 冂 同 同 同					
同						
장인 공	장인공 部, 3획, 한자능력검정 7급			工		
工	一 丁 工					
工						
다를 이	밭전 部, 11획, 한자능력검정 4급			異		
異	丨 口 日 田 田 田 畀 畀 畀 異 異					
異						
가락 곡	가로왈 部, 6획, 한자능력검정 5급			曲		
曲	丨 冂 日 由 曲 曲					
曲						

同	工	異	曲	同	工	異	曲

同 病 相 憐

같을 **동**   앓을 **병**   서로 **상** 불쌍히 여길 **련**

: 같은 사정에 처해 있는 사람끼리 서로 걱정하며 도움
을 주고 받는다는 뜻.

고사성어 유래

초나라의 오자서(伍子胥)는 아버지와 형이 역적의 누명을 쓰고 죽은 후 오나라로 망명해 왔다.
그가 피리(被離)의 추천에 의해 오나라의 실권자가 되었을 때 아버지가 초나라에서 억울하게 돌아
가신 백비가 망명을 하여 자신에게 몸을 의탁하러 왔다. 오자서는 그를 동정하여 합려왕에게 천거
해서 대부 벼슬을 시켰다. 피리가 물었다.

"당신은 어째서 백비를 한 번 보고 그토록 믿는 것이요."

그러자 오자서가 대답했다.

"그건 그 자가 나와 같은 원한을 품고 있기 때문이요. 옛 노래에도 있지 않소. 같은 병은 불쌍히
여기고, 같은 근심은 서로 구원한다. 육친을 사랑하고 슬퍼하지 않는 사람이 어디 있겠소."

그의 대답을 들은 피리가 그에 반문했다.

"그러나 내가 보기엔 그의 눈은 매와 같고 걸음걸이는 범을 닮았소. 사람 죽이기를 보통으로 아
는 잔인한 상이오. 절대 마음을 주지 마시오."

그로부터 9년 후, 합려가 초나라를 공략하여 대승함으로써 오자서와 백비는 마침내 부형의 원
수를 갚을 수 있었다. 그러나 그 후 오자서는 불행히도 피리의 예언대로 월나라에 매수된 백비의
모함에 빠져 분사(憤死)하고 말았다.

같을 동	입구 部, 6획, 한자능력검정 7급	同		
同	｜ 冂 冂 同 同 同			
同				

앓을 병	병질엄 部, 10획, 한자능력검정 6급	病		
病	丶 宀 广 广 疒 疒 疒 病 病 病			
病				

서로 상	눈목 部, 9획, 한자능력검정 5급	相		
相	一 十 オ 木 机 机 相 相 相			
相				

불쌍히 여길 련	심방변 部, 15획, 한자능력검정 3급	憐		
憐	丶 丶 忄 忄 忄 忰 忰 憐 憐 憐 憐 憐 憐 憐			
憐				

同	病	相	憐	同	病	相	憐

東 食 西 宿

동녘 동　　먹을 식　　서녘 서　　잘 숙

: 먹을 곳, 잘 곳이 없어 떠도는 삶.

제나라에 시집가야 할 나이의 한 처녀가 있었다.

어느 날 그 처녀의 집에 두 곳에서 청혼이 들어왔다. 동쪽에 산다는 신랑감은 인물은 보잘 것 없으나 대단한 부자였고 서쪽 집에 산다는 신랑감은 가난했지만 보기 드문 미남이었다. 난처하게 된 부모는 당사자의 마음이 중요하다며 딸에게 의사를 물어보았다.

"만일 동쪽 집의 총각에게 시집가고 싶으면 왼쪽 소매를 걷고 서쪽 집 총각에게 시집가고 싶으면 오른쪽 소매를 걷어라."

한참 망설이고 있던 처녀는 양쪽 소매를 다 걷어 올렸다. 부모가 놀라 그 까닭을 묻자 딸은 말했다.

"낮에는 동쪽 집에 가서 좋은 음식을 먹으며 살고 싶고, 밤에는 서쪽 집에서 자고 싶어요."

이 말은 원래 자기 욕심을 차리느라 절개도 없이 이리 붙었다 저리 붙었다 하는 걸 비유하는 말이었으나 오늘날에는 일정한 거처 없이 떠돌아다님을 일컫는 말로 쓰이고 있다.

동녘 동 東	나무목 部, 8획, 한자능력검정 8급 一 ㄷ ㅁ ㅂ ㅂ 申 東 東		東		
東					
먹을 식 食	먹을식 部, 9획, 한자능력검정 7급 ノ 人 人 今 今 今 食 食 食		食		
食					
서녘 서 西	덮을아 部, 6획, 한자능력검정 8급 一 丆 冂 两 西 西		西		
西					
잘 숙 宿	갓머리 部, 11획, 한자능력검정 5급 丶 丶 宀 宀 宀 宀 宀 宿 宿 宿		宿		
宿					

東	食	西	宿	東	食	西	宿

馬 耳 東 風

말 **마**   귀 **이**   동녘 **동**   바람 **풍**

: 남의 말을 귀담아 듣지 않고 그대로 흘려버리는 것을 뜻함.

고사성어 유래

당나라의 대시인 이백의 시 「답왕십이한야독작유회」에서 유래된 고사이다.

어느 날 이백의 친구 왕거일이라는 사람이 밤 늦게까지 혼자 술을 마시다가 감회에 젖어 시를 적어 보냈다.

"추운 방에 홀로 술잔을 기울이며 느낀 바 있다."

이에 이백이 화답한 것이다.

"북쪽 창에 기대어 시를 읊거나 짓는다. 그러나 그것이 아무리 우수한 걸작이라고 해도 지금 세상에서는 아무런 가치도 없다. 명사나 명문을 들어도 감상할 줄 모르고 그저 동풍이 말의 귀를 스치는 정도로밖에 생각하지 않는다."

이백은 더욱 울분을 터뜨리며 읊기를 "원래 중국은 무보다 문을 중시하는 나라로 문의 힘이 한 나라를 망하게도 하고, 흥하게도 했다"라고 썼다.

이로부터 누군가가 무슨 말을 듣고 전혀 깨닫지 못하거나 건성으로 이야기를 들을 때 이백의 시한 부분인 '마이동풍'이라는 말을 쓰게 되었다.

말 마	말마 部, 10획, 한자능력검정 5급	馬		
馬	丨 厂 厂 匡 馬 馬 馬 馬 馬 馬			
馬				
귀 이	귀이 部, 6획, 한자능력검정 5급	耳		
耳	一 丁 厅 厅 耳 耳			
耳				
동녘 동	나무목 部, 8획, 한자능력검정 8급	東		
東	一 一 一 一 百 百 申 東 東			
相				
바람 풍	바람풍 部, 9획, 한자능력검정 6급	風		
風	丿 几 凡 凡 風 風 風 風 風			
風				

馬	耳	東	風	馬	耳	東	風

磨 斧 作 針

갈 **마**　　도끼 **부**　　만들 **작**　　바늘 **침**

: 도끼를 갈아서 바늘을 만든다는 뜻으로, 아무리 어려운 일이
라도 참고 계속하면 언젠가는 반드시 성공함을 비유한 말.

고사성어 유래

시선(詩仙)으로 불리던 당나라의 시인 이백의 어렸을 적 이야기이다.

이백은 아버지의 임지인 촉(蜀) 땅의 성도(成都)에서 자랐다. 그때 훌륭한 스승을 찾아 상의산 (象宜山)으로 들어가 공부를 했는데, 어느 날 공부에 싫증이 나자 그는 스승에게 말도 없이 산을 내려오고 말았다. 집을 향해 걷고 있던 이백이 계곡을 흐르는 냇가에 이르자 한 노파가 바위에서 열심히 도끼를 갈고 있는 모습이 보였다.

"할머니, 지금 뭘 하고 계세요?"

"바늘을 만들려고 도끼를 갈고 있다."

"그렇게 큰 도끼가 간다고 바늘이 될까요?"

"그럼, 되고 말고. 중도에 그만두지만 않는다면……."

이백은 '중도에 그만두지만 않는다면' 이란 말이 마음에 걸렸다. 여기서 생각을 바꾼 그는 노파에게 공손히 인사를 하고 다시 산으로 올라갔다. 그 후 이백은 마음이 해이해지면 바늘을 만들기 위해 열심히 도끼를 갈고 있던 그 노파의 모습을 떠올리곤 분발했다고 한다.

갈 마 磨 磨	돌석 部, 16획, 한자능력검정 준3급	磨		
	`丶 亠 广 广 疒 疒 麻 麻 麻 麻 麻 靡 靡 磨 磨 磨`			
도끼 부 斧 斧	날근 部, 8획, 한자능력검정 1급	斧		
	`丿 八 夕 父 夂 夵 爷 斧`			
만들 작 作 作	사람인변 部, 7획, 한자능력검정 6급	作		
	`丿 亻 亻 仁 作 作 作`			
바늘 침 針 針	쇠금 部, 10획, 한자능력검정 4급	針		
	`丿 人 人 亼 牟 午 余 金 金 針`			

磨	斧	作	針	磨	斧	作	針

萬 全 之 策

일만 **만**　　온전할 **전**　　어조사 **지**　　꾀 **책**

: 아주 안전하거나 완벽한 해결책으로써, 조금의 허술함
　도 없는 완벽한 대책을 뜻함.

고사성어 유래

　후한 말 위나라 조조의 군대와 북방 최대의 군대가 관도라는 곳에서 대치하고 있었다. 이 때 원소의 군대는 10여 만 명이나 되는 데 반해 조조의 군대는 3만여 명밖에 되지 않았다. 이렇게 수적으로는 조조의 군대가 열세에 있었지만 백마(白馬)의 싸움에서 원소의 명장인 안량(顔良)과 문추(文丑)를 격파하여 죽게 하는 등 원소에게 상당한 타격을 주고 있었다.

　그렇지만 병력의 수적인 면에서 워낙 뒤떨어졌기 때문에 조조는 한 때 도읍인 허창으로 후퇴하려는 계획도 세워 보았다.

　원소는 원소대로 병력 수에 있어서는 절대 우위에 있었지만 형세가 불리하다고 판단한 조조는 형주 목사 유표에게 도움을 청했다. 유표는 말로는 도와주겠다고 하고는 팔짱을 끼고 관망만 하고 있었다. 이를 보다 못해 유표의 측근인 하승과 유선이 진언했다.

　"우리가 이렇게 아무것도 하지 않고 방관만 하고 있으면 결국 양쪽 모두의 원한을 사게 됩니다. 지금 형세로 보아 조조는 원소의 군대를 격파할 것입니다. 그러고는 곧바로 우리를 공격해 올 것입니다. 그러니 원소보다 조조편을 드는 게 좋을 듯합니다. 이것이 가장 안전하고 완벽한 대책입니다."

　그러나 유표는 이 말을 듣지 않고 망설이다가 마침내 관도의 싸움에서 승리한 조조에게 화를 당하고 말았다.

일만 만	초두머리 部, 13획, 한자능력검정 8급	萬		
萬	一 艹 艹 艹 芦 芦 苜 苗 苗 莒 萬 萬 萬			
萬				
온전할 전	들입 部, 6획, 한자능력검정 7급	全		
全	人 入 仝 仐 全 全			
全				
어조사 지	삐침별 部, 4획, 한자능력검정 준3급	之		
之	、 ㇗ ㇌ 之			
之				
꾀 책	대죽 部, 12획, 한자능력검정 준3급	策		
策	丿 𠂉 ㇠ 𥫗 竹 竹 竺 竺 笁 笁 笁 策			
策				

萬	全	之	策	萬	全	之	策

望 洋 之 嘆

바랄 **망**　　바다 **양**　　어조사 **지**　　탄식할 **탄**

: 넓은 바다를 보고 감탄한다는 뜻으로 남의 원대함에
감탄하고, 나의 미흡함을 부끄러워 함을 말함.

고사성어 유래

　　먼 옛날 황하 중류의 맹진(孟津 : 하남성 내)에 하백이라는 사람이 있었다. 어느 날 아침, 그는 금빛
찬란히 빛나는 강물을 보고 감탄하여 말했다.

"이렇게 큰 강은 달리 또 없을 거야."

"그렇지 않습니다."

뒤를 돌아보니 자신의 말에 대답을 한 것은 늙은 자라였다.

"그럼, 황하보다 더 큰 물이 있단 말인고?"

"그렇습니다. 제가 듣기로는 해가 뜨는 쪽에 북해(北海)가 있는데, 이 세상의 모든 강이 사시사철
그곳으로 흘러 들기 때문에 그 넓이는 실로 황하의 몇 갑절이나 된다고 합니다."

"그런 큰 강이 있을까? 어쨌든 내 눈으로 보기 전엔 못 믿겠네."

　　맹진을 떠나 본 적이 없는 하백은 늙은 자라의 말을 믿으려 하지 않았다. 이윽고 가을이 오자 황하
는 연일 쏟아지는 비로 몇 갑절이나 넓어졌다. 그것을 바라보고 있던 하백은 문득 지난 날 늙은 자라
가 한 말이 생각났다. 그래서 그는 이 기회에 강 하류로 내려가 북해를 한번 보기로 했다. 하백이 북해
에 이르자 그곳의 해신(海神)인 약(若)이 반가이 맞아 주었다.

"잘 왔소. 진심으로 환영하오."

북해의 해신이 손을 들어 허공을 가르자 파도는 가라앉고 눈앞에 거울 같은 바다가 펼쳐졌다.

'세상에 황하 말고도 이처럼 큰 강이 있었단 말인가……'

하백은 이제까지 세상 모르고 살아온 자신이 심히 부끄러웠다.

'나는 북해가 크다는 말을 듣고도 이제까지 믿지 않았습니다. 지금 여기서 보지 않았더라면 나는
나의 단견(短見)을 깨닫지 못했을 것입니다."

북해의 신은 웃으며 말했다.

"당신은 우물 안 개구리였구려. 대해(大海)를 모르면 그대는 식견이 낮은 신으로 끝나 버려 사물의
도리도 모를 뻔했소. 그러나 이제 그대는 거기서 벗어난 것이오."

바랄 망
望
望
	달월 部, 11획, 한자능력검정 5급
	`丶 二 亡 切 切 扫 切 胡 胡 望`
	`望 望`
		望

바다 양 洋 洋	삼수변 部, 9획, 한자능력검정 6급 `丶 丶 氵 氵 汸 浐 浐 泮 洋`	洋
어조사 지 之 之	삐침별 部, 4획, 한자능력검정 준3급 `丶 二 ㇗ 之`	之
탄식할 탄 嘆 嘆	하품흠방 部, 14획, 한자능력검정 4급 `丶 丨 口 吖 吖 咁 咁 咁 哘 哘 嘆 嘆 嘆`	嘆

望	洋	之	嘆	望	洋	之	嘆

孟 母 斷 機

만 맹　　　어미 모　　　끊을 단　　　베틀 기

: 맹자의 어머니가 베틀에 건 날실을 끊었다는 뜻으로,
학문에 정진할 것을 가르침.

고사성어 유래

　맹자 어머니의 훈육 일화이다. 집을 떠나 타향에서 공부하던 어린 맹자가 어느 날 느닷없이 집
으로 돌아왔다. 특별한 이유가 있었던 것이 아니라 어머니에 대한 그리움 때문이었다. 그런 맹자
를 본 어머니는 베틀에 앉은 채 맹자에게 물었다.
　"그래, 글은 얼마나 배웠느냐?"
　"별로 배우지 못했습니다, 어머님."
　맹자가 대답하자 어머니는 짜고 있던 베의 날실을 끊어 버리고 이렇게 타일렀다.
　"네가 공부를 중도에 그만두고 돌아온 것은 지금 내가 짜고 있던 이 베의 날실을 끊어 버린 것과
다를 게 없다."
　이에 어머니의 뜻을 크게 깨달은 맹자는 다시 스승에게로 돌아가 전보다 더욱 열심히 공부하여
마침내 공자에 버금가는 유명한 사람이 되었다고 한다.

맏 맹	아들자 部, 8획, 한자능력검정 준3급	孟		
孟	フ マ 子 孑 孟 孟 孟 孟			
孟				

어미 모	말무 部, 5획, 한자능력검정 8급	母		
母	乚 口 母 母 母			
母				

끊을 단	날근 部, 18획, 한자능력검정 준4급	斷		
斷	ﾉ ﾅ ﾅ ﾅ 丝 丝 丝 丝 丝 丝 丝 丝 丝 斷 斷 斷 斷 斷			
斷				

베틀 기	나무목 部, 16획, 한자능력검정 4급	機		
機	一 十 オ オ 术 术 柊 柊 柊 柊 楼 楼 楼 機 機 機			
機				

孟	母	斷	機	孟	母	斷	機

門 前 成 市

문 문　　　앞 전　　　이룰 성　　　저자 시

: 문 앞이 저자(市)를 이룬다는 뜻으로, 찾아오는 사람이 많아 마치 장이 선 것 같음을 표현.

고사성어 유래

　정승은 후한 때의 충신으로, 성품이 대쪽 같고 청렴결백한 사람이었다. 그 당시 20살의 어린 나이에 왕위에 오른 애제는, 실권을 모두 외척에게 넘겨준 채 나라일은 아예 관심도 두지 않았다.

　정승은 왕의 친척이라는 이유만으로 횡포를 일삼는 자들을 그냥 두고 볼 수가 없었다. 그래서 틈만 나면 왕 앞에 나아가 외척들을 멀리하고 백성을 돌보라고 충고하였다. 그러나 애제는 충신 정승의 말을 귀담아 듣기는커녕 오히려 그를 멀리하였다

　그러던 어느 날, 간신 조창이 정승을 내쫓을 음모를 꾸몄다. 조창은 애제 앞에 나아가 이렇게 속삭였다.

　"폐하, 아뢰옵기 황송하오나 요즈음 정승의 집 문 앞이 마치 시장 바닥 같다고 하옵니다. 그를 찾아오는 사람이 그렇게 많다는 것은, 정승이 무슨 음모를 꾸미고 있다는 증거이오니 엄중히 문초하소서."

　그 말을 들은 애제는 즉시 정승을 불러들여 사실 여부를 물었다. 그러자 정승은 이렇게 대답하였다.

　"비록 신의 집 문 앞은 장마당 같지만, 마음만을 물과 같이 깨끗합니다. 그러니 다시 조사해 주십시오."

　그러나 애제는 자신에게 충고만 늘어놓는 정승이 마음에 들지 않던 터라 그를 감옥에 가두고 말았다. 결국 조창의 음모에 빠진 정승은 옥에서 억울한 죽음을 맞게 되었다.

문 문	문문 部, 8획, 한자능력검정 8급	門		
門	ㅣ ㅣ ㅣ ㅣ ㅣ ㅣ ㅣ ㅣ 門 門 門			
門				
앞 전	선칼도방 部, 9획, 한자능력검정 7급	前		
前	ㆍ ㆍ ㅛ 广 广 广 广 前 前			
前				
이룰 성	창과 部, 7획, 한자능력검정 6급	成		
成	ㅣ 厂 厂 厅 成 成 成			
成				
저자 시	수건건 部, 5획, 한자능력검정 7급	市		
市	ㆍ ㆍ 宀 宀 市			
市				

門	前	成	市	門	前	成	市

百 年 河 清

일백 **백**   해 **년**   물 **하**   맑을 **청**

: 백년을 기다려도 황하의 흐린 물은 맑아지지 않는다는
뜻으로, 아무리 오래 기다려도 뜻이 이루어지기 어려운
일이나, 믿지 못할 일을 언제까지나 기다린다는 의미.

고사성어 유래

춘추시대 중반에 정나라가 위기에 빠졌다. 초나라의 속국인 채나라를 친 것이 화가 되어 초나라
의 보복 공격을 받게 된 것이다.

곧 주신들이 모여 대책을 논의했으나 의견은 초나라에 항복하자는 의견과 진나라의 구원군을
기다리며 싸우자는 의견으로 나뉘었다. 양쪽 주장이 팽팽히 맞서자 대부인 자사가 말했다.

"주나라의 시에 '황하의 흐린 물이 맑아지기를 기다린다 해도 인간의 짧은 수명으로는 아무래
도 부족하다'는 말이 있듯이, 지금 진나라의 구원군을 기다린다는 것은 '백년하청'일 뿐이오. 그
러니 일단 초나라에 복종하여 백성들의 불안을 씻어 주도록 합시다."

이리하여 정나라는 초나라와 화친을 맺고 위기를 모면했다. 원래 백년하청은 진나라의 도움 따
위는 아무리 기다려도 믿을 수 없다는 뜻으로 씌여졌다.

일백 백	일백백 部, 6획, 한자능력검정 7급	百		
百 百	一 丆 丆 丙 百 百			
해 년	방패간 部, 6획, 한자능력검정 8급	年		
年 年	丿 ㅌ 竺 竺 年 年			
물 하	삼수변 部, 8획, 한자능력검정 5급	河		
河 河	丶 冫 氵 汀 汀 沪 沪 河			
맑을 청	삼수변 部, 11획, 한자능력검정 6급	清		
清 清	丶 冫 氵 氵 汁 清 清 清 清 清 清			

百	年	河	清	百	年	河	清

百 發 百 中

일백 **백**   쏠 **발**   일백 **백**   맞을 **중**

: 무슨 일이든지 생각하는 대로 다 들어맞는다는 뜻.

고사성어 유래

《사기》의 〈주본기〉에 나오는 이야기이다.

주나라 난왕 때 진나라의 장군 백기가 한나라를 격파하고 나서 양나라마저 공격하려고 하였다. 이에 주나라의 신하 소려는 만일 양나라가 진나라의 수중에 떨어지면 주나라도 위험하다고 판단하여 난왕에게 백기를 설득할 것을 권하면서 다음과 같이 말하였다.

"초나라에 활을 매우 잘 쏘는 양유기라는 사람이 있다. 그는 백 보나 떨어진 곳에서 버드나무 잎을 쏘아도 백발백중이었으므로 이를 지켜본 수천 명이 활을 잘 쏜다고 하였다. 이때 어떤 자가 양유기의 옆에 가서 '잘한다. 활을 가르쳐 줄만하다' 라고 하였다 그 말에 양유기가 화를 내자 그는, 내 말은 실제로 활 쏘는 법을 가르쳐 준다는 뜻이 아니오. 아무리 활을 잘 쏜다 해도 사람의 기력에는 한계가 있어서 맞추지 못하는 화살이 있기 마련이오. 백기 장군도 한 번 실수하면 지금까지 세운 공훈은 파산되는 것이오. 장군은 병을 앓는다고 핑계하여 출전하지 않는 것이 상책일 것이오."

결국 이 말을 들은 백기는 공격을 포기했다.

일백 백	일백백 部, 6획, 한자능력검정 7급	百		
百	一 丁 丆 百 百 百			
百				

쏠 발	필발머리 部, 12획, 한자능력검정 6급	發		
發	ﾉ ﾅ ﾅ´ ﾅ´ 癶 癶 癶 癹 癹 發 發 發			
發				

일백 백	일백백 部, 6획, 한자능력검정 7급	百		
百	一 丁 丆 百 百 百			
百				

맞을 중	뚫을곤 部, 4획, 한자능력검정 8급	中		
中	﹅ 口 口 中			
中				

百	發	百	中	百	發	百	中

脾 肉 之 嘆

넓적다리 비   고기 육   갈 지   탄식할 탄

: 넓적다리에 살만 찌는 것, 즉 성공하지 못하고 헛되이
세월만 보냄을 한탄할 때 쓰는 말.

고사성어 유래

　삼국시대 때 조조는 허창에서 스스로를 대장군이라 칭하고 조정의 실권을 장악했다. 유비도 조조의 주선으로 좌장군에 임명되었지만 조조를 죽이려던 계획이 탄로나자 허창을 탈출했다. 그 후 6년 동안 이곳저곳을 전전하던 유비는 형주 땅의 유표에게 몸을 의탁했다.
　그때 유비는 "나는 늘 말을 타고 돌아다녀서 넓적다리에 살이 붙을 겨를이 없었습니다. 그런데 지금은 말을 타지 않아 넓적다리에 살이 붙었습니다"라고 말하며 허송세월을 보낸 자신의 모습을 한탄했다.

넓적다리 비 脾	육달월 部, 12획, 한자능력검정 1급 ㅣ 刀 月 月 肝 肝 肑 肑 胂 脾 脾 脾	脾
脾		
고기 육 肉	고기육 部, 6획, 한자능력검정 준4급 ㅣ 冂 冃 內 肉 肉	肉
肉		
갈 지 之	삐침별 部, 4획, 한자능력검정 준3급 ヽ 亠 ヲ 之	之
之		
탄식할 탄 嘆	입구 部, 14획, 상용한자 ㅣ ㅁ ㅁ 吖 吣 哔 哔 哔 嘖 嗒 嗒 嘆 嘆	嘆
嘆		

脾	肉	之	嘆	脾	肉	之	嘆

四面楚歌

넉 **사**　　낮 **면**　　초나라 **초**　　노래 **가**

: 사방이 적으로 둘러싸인 고립무원의 상태를 뜻함.

고사성어 유래

진나라를 무너뜨린 초패왕 항우와 한왕 유방은 하남성의 가로하를 경계로 천하를 양분, 강화하고 5년간에 걸친 패권 다툼을 멈췄다. 항우는 곧 초나라의 도읍인 팽성을 향해 철군 길에 올랐으나 서쪽의 한중의 한강으로 철수하려던 유방은 참모 장량, 진평의 진언에 따라 말머리를 돌려 항우를 추격했다. 이윽고 안휘성 내에서 한신이 지휘하는 한나라 대군에 겹겹이 포위된 초나라 진영은 군사가 격감 한데다가 군량마저 떨어져 사기가 말이 아니었다. 그때, 한밤중임에도 불구하고 '사면에서 초나라 노래' 소리가 들려왔다. 초나라 군사들은 그리운 고향 노랫소리에 눈물을 흘리며 다투어 도망쳤다. 항복한 초나라 군사들로 하여금 고향 노래를 부르게 한 장량의 심리 작전이 맞아떨어진 것이다. 항우는 깜짝 놀랐다.

'아니, 한나라는 벌써 초나라를 다 차지했단 말인가? 어찌 저토록 초나라 사람이 많은고?'

이미 끝장났다고 생각한 항우는 결별의 주연을 베풀었다. 항우의 진중에는 우미인이라 불리는 애인 우희와 추라는 준마가 있었다. 항우는 우희가 애처로워 견딜 수 없었다. 그래서 비분강개하여 시를 읊고 또 읊었다.

역발산혜기개세 (力拔山兮氣蓋世)　힘은 산을 뽑고 의기는 세상을 덮지만
시불리혜추불서 (時不利兮騅不逝)　때는 불리하고 추는 가지 않누나.
추불서혜가내하 (騅不逝兮可奈何)　추가 가지 않으니 어찌하면 좋은고
우혜우혜내약하 (虞兮虞兮奈若何)　우야 우야 그대를 어찌할 거나.

우희도 이별의 슬픔에 목메어 화답했다. 역발산을 자처하는 천하장사 항우의 뺨에는 어느덧 몇 줄기의 눈물이 흘렀다. 좌우에 배석한 장수들이 오열하는 가운데 우희는 마침내 항우의 보검을 뽑아 가슴에 꽂고 자결하고 말았다.

그날 밤, 불과 800여 기(騎)를 이끌고 중포위망을 탈출한 항우는 이튿날, 혼자 적군 속으로 뛰어들어 수백 명을 벤 뒤 강 건너편 당초 군사를 일으켰던 땅인 강동으로 갈 수 있는 안휘성 내까지 달려갔다. 그러나 항우는 800여 강동 자제(子弟)들을 다 잃고 혼자 돌아가는 것이 부끄러워 스스로 목을 쳐 자결하고 말았다.

넉 사	입구구 部, 5획, 한자능력검정 8급	四		
四	ㅣ 冂 冂 四 四			
四				
낯 면	낯면 部, 9획, 한자능력검정 7급	面		
面	一 丆 丆 而 而 面 面 面			
面				
초나라 초	나무목 部, 13획, 한자능력검정 2급	楚		
楚	一 十 オ 木 杧 朴 林 林 梺 梺 梺 梺 楚			
楚				
노래 가	하품흠방 部, 14획, 한자능력검정 7급	歌		
歌	一 厂 哥 哥 哥 哥 哥 哥 哥 哥 哥 哥 歌 歌			
歌				

四	面	楚	歌	四	面	楚	歌

殺 身 成 仁

죽일 **살**　　　몸 **신**　　　이룰 **성**　　　어질 **인**

: 옳은 일을 위하여 자신의 몸을 희생하는 것을 뜻함.

고사성어 유래

《논어》의 〈위령공편〉에 나오는 말이다.

공자가 말하기를 "뜻있는 선비와 어진 사람은 삶을 구하여 인을 해치는 일이 없고 몸을 죽여서라도 인을 이룬다"라고 하였다. 지사(志士)란 도의(道義)에 뜻을 둔 사람을 일컬어 인인(仁人)이란 어진 덕을 갖춘 사람을 말한다. 그러므로 지사(志士)와 인인(仁人)은 삶이 소중하다고 하여 그것 때문에 지(志)나 인(仁)을 잃는 일은 절대로 없다. 오히려 때로는 자기의 목숨을 버리면서까지 인(仁)을 달성하려 한다.

죽일 살	갖은등글월문 部, 11획, 한자능력검정 준4급	殺		
殺	ノ メ ニ 爻 矛 杀 杀 杀 釪 釪 殺 殺			
殺				
몸 신	몸신변 部, 7획, 한자능력검정 6급	身		
身	′ ′ ′ 门 甪 甪 身 身			
身				
이룰 성	창과 部, 7획, 한자능력검정 6급	成		
成	ノ 厂 厂 厉 成 成 成			
成				
어질 인	사람인변 部, 4획, 한자능력검정 4급	仁		
仁	′ イ 仁 仁			
仁				

殺	身	成	仁	殺	身	成	仁

三 顧 草 廬

석 **삼**　　돌아볼 **고**　　풀 **초**　　농막집 **려**

: 인재를 얻기 위해 끈기 있게 노력함을 의미함.

고사성어 유래

《삼국지》의 《촉지 제갈량전》에 나오는 말이다.

후한 말기 관우와 장비와 의형제를 맺고 무너져 가는 한나라의 부흥을 위해 애를 쓴 유비는 능력을 발휘할 기회를 잡지 못하고 허송세월만 보낸 채 탄식하였다. 유비는 유표에게 몸을 맡기는 신세로 전락하였다. 뿐만아니라 관우와 장비 같은 강한 군사력이 있으면서도 조조에게 여러 차례 당하였다. 유비는 그 이유를 상황에 따라 적절한 전술을 발휘할 지혜로운 참모가 없었기 때문이라는 것을 깨닫고 유능한 참모를 물색하기 시작하였다.

어느 날 유비가 은사인 사마휘를 찾아가 유능한 책사를 천거해 달라고 부탁하자 사마휘는 "복룡(伏龍 : 초야에 묻혀 있는 재사)과 봉추 가운데 한 사람만 선택 하시지요"라고 말하였다. 유비는 복룡이 제갈량임을 알고 그를 맞으러 장비와 관우와 함께 예물을 싣고 양양에 있는 그의 초가집으로 갔는데, 세 번째 갔을 때 비로소 만날 수 있었다. 이때 제갈량은 27세, 유비는 47세였다.

삼고초려는 유비가 제갈량을 얻기 위해 그의 누추한 초가집을 세 번씩이나 찾아간 데서 유래하는데, 유능한 인재를 얻기 위해서는 인내심을 발휘하고 최선을 다해야 한다는 뜻이 들어있다. 또한 인재를 알아 볼 줄 아는 안목도 갖추어야 한다.

제갈량은 이후 《출사표》에서 자기를 찾은 유비의 지극한 정성에 대해 감격하면서 이렇게 말하였다.

"신이 비천한 신분임을 알면서도 싫어하지 않고 외람되게도 몸을 낮추어 제 초가집을 세 번씩이나 찾아 주어 당시의 상황을 물으셨습니다. 이 일로 저는 감격하여 선제께서 있는 곳으로 달려가는 것을 허락한 것입니다."

석 삼 三	한일 部, 3획, 한자능력검정 8급 一 二 三		三		
三					
돌아볼 고 顧	머리혈 部, 21획, 한자능력검정 3급 ` 丿 广 戶 戶 戶 雇 雇 雇 雇 雇 雇 雇 顧 顧 顧 顧 顧 顧		顧		
顧					
풀 초 草	초두머리 部, 10획, 한자능력검정 7급 一 十 十 丼 芍 芍 苩 苩 苩 草		草		
草					
농막집 려 廬	엄호밑 部, 19획, 한자능력검정 2급 ` 二 广 广 庐 庐 庐 庐 虏 虏 虏 虏 虏 廬 廬 廬 廬 廬 廬		廬		
廬					

三	顧	草	廬	三	顧	草	廬

塞 翁 之 馬

변방 새 어르신 옹 갈 지 말 마

: 인생의 길, 흉, 화, 복은 늘 바뀌어 변화가 많음을 이르는 말.

고사성어 유래

옛날 만리장성 변경에 한 노인이 살고 있었다. 사람들은 그를 세상노인 혹은 새옹이라고 불렀다. 어느 날 노인이 기르던 말 한 필이 없어지자 마을 사람들은 그의 걱정을 덜어주기 위해 모여서 위로를 하였다. 그러자 그 노인이 이렇게 대답했다.

"말 한 필이 없어진 것이 되레 좋은 일이 될지도 모르지 않소."

얼마 뒤 잃어버린 말이 돌아왔는데, 좋은 오랑캐 말 한 필을 데리고 온 것이 아닌가. 이에 마을 사람들이 모여 축하의 말을 전하니 노인은 말했다.

"이것이 나쁜 일이 될지도 모르지 않소."

아니나다를까 며칠 후 노인의 아들이 그 말을 타고 놀다가 그만 말에서 떨어져 정강이뼈가 부러지고 말았다. 이에 마을 사람들이 와서 위로하니 노인은 이렇게 말했다.

"이게 혹시 좋은 일이 될지도 모릅니다."

그 후 얼마간의 시간이 흐르자 갑자기 전쟁이 일어나 마을 청년들이 모두 다 전장으로 끌려갔다. 하지만 다리를 다친 노인의 아들만은 징집되지 않았다. 그렇게 전장으로 끌려간 대부분의 사람들은 희생되었지만 노인의 아들만은 무사할 수가 있었다.

변방 새	흙土 部, 13획, 한자능력검정 준3급	塞		
塞	、 丶 宀 宀 宀 宀 宙 宙 审 审 寒 寒 寒 塞			
塞	·			
어르신 옹	깃羽 部, 10획, 한자능력검정 3급	翁		
翁	ノ 八 公 公 分 兮 兮 翁 翁 翁			
翁				
갈 지	삐침별 部, 4획, 한자능력검정 준3급	之		
之	、 ㇀ ㇇ 之			
之				
말 마	말馬 部, 10획, 한자능력검정 5급	馬		
馬	丨 厂 厂 厍 厍 馬 馬 馬 馬 馬			
馬				

塞	翁	之	馬	塞	翁	之	馬

先 則 制 人

먼저 **선**　　곧 **즉**　　다스릴 **제**　　사람 **인**

: 남이 하지 않을 때 자기가 먼저 일을 해치우면, 능히 사람들 위에 설 수 있다는 의미로, 먼저 하는 것이 승리라는 뜻.

고사성어 유래

　　진나라 말기에 반란을 일으킨 진승과 오광 등의 농민군이 파죽지세로 진격하여 여러 고을을 점령하고 있을 때, 강동의 군수였던 은통도 이런 농민군에 호응하려고 오중지방의 유력자인 항량을 초청하여 이 문제를 상의하였다.

　　"이제 하늘이 진을 멸망시킬 때가 된 것 같소. '먼저 하면 다른 사람을 제어하고, 늦으면 다른 사람이 차지하게 된다' 고 하지 않았소. 그래서 당신과 환초 두 분에게 기병의 선봉장을 맡기려고 하는데 의향이 어떻소?'

　　그러자 항량은 이렇게 말했다.

　　"환초는 지금 도피하고 있어서 어디에 있는지 행방을 알 수 없습니다."

　　그리고는 군수의 방에서 나와 조카인 항우에게 무엇인가 귓속말로 일러 주고 다시 군수 방으로 들어갔다. 그리고 군수의 뜻에 동의한다는 것을 밝힌 다음 항우를 불러 환초를 찾아오라는 명령을 내려 달라고 군수에게 부탁했다. 이리 하여 군수의 부름으로 항우가 그 방에 나타났으며, 군수가 한초를 찾아서 곧 데려오라고 항우에게 이르는 동안에 항량이 슬그머니 항우에게 눈짓을 했다. 그 순간, 항우는 칼을 뽑아 단번에 군수를 베어 버리고 무난히 군수 자리를 차지했다. 이로써 항량과 항우는 반란의 깃발을 강동 땅에서 올렸던 것이다.

먼저 선	어진사람인발 部, 6획, 한자능력검정 8급					先		
先	ノ ノ レ 牛 生 先 先							
先								
곧 즉	선칼도방 部, 9획, 한자능력검정 5급					則		
則	Ⅰ Ⅱ Ⅱ 月 目 貝 貝 則 則							
則								
다스릴 제	선칼도방 部, 8획, 한자능력검정 준4급					制		
制	ノ ヒ ヒ 느 告 告 制 制							
制								
사람 인	사람인 部, 2획, 한자능력검정 8급					人		
人	ノ 人							
人								

先	則	制	人	先	則	制	人

首 鼠 兩 端

머리 **수**　　쥐 **서**　　　두 **량**　　실마리 **단**

: 구멍에서 머리만 내밀고 좌우를 살피는 쥐라는 뜻으로, 두 마음을 가지고 기회를 엿본다는 의미.

고사성어 유래

　　전한 7대 황제인 무제 때의 일이다. 5대 문제의 황후의 조카인 위기후의 두영과 6대 경제의 황후의 동생인 무안후 전분은 같은 외척이었지만 당시 연장자인 두영은 서산 낙일하는 고참 대장군이었고, 전분은 욱일승천 하는 신진 재상이었다.

　　그러던 어느 날, 두영의 친구인 관부 장군이 고관대작들이 모인 주연에서 전분에게 대드는 실수를 범했다. 사건의 발단은 관부가 두영을 무시한 한 고관을 힐책하는데 전분이 그를 두둔하고 나섰기 때문이다. 관부가 한사코 사죄를 거부하자, 이 일은 결국 조의에 오르게 되었다. 양쪽 주장을 다 들은 무제는 중신들에게 물었다.

　　"경들이 판단하기에 어느 쪽이 잘못을 한 것 같소?"

　　처음에는 의견이 둘로 나뉘었으나 시간이 지남에 따라 두영의 추종자로 알려진 내사 정당시조차 얼버무리는 애매한 태도를 보였다. 그러자 어사대부인 한안국도 명확한 대답을 피했다.

　　"폐하, 양쪽 다 일리가 있어 흑백을 가리기가 힘듭니다."

　　중신들의 불분명한 태도에 실망한 무제가 자리를 뜨자 조의는 거기에서 끝이 났다. 전분은 화가 나서 한안국을 책망했다.

　　"그대는 어찌하여 구멍에서 머리만 내밀고 좌우를 살피는 쥐처럼 망설이는 것이오? 이 사건의 시비곡직이 불을 보듯 훤한 일인데……."

머리 수	머리수 部, 9획, 한자능력검정 5급					首		
首	` ` ` ` ` ` ` ` ` 首 首 首							
首								
쥐 서	쥐서 部, 13획, 한자능력검정 1급					鼠		
鼠	` ` ` ` ` ` ` ` ` 鼠 鼠 鼠 鼠							
鼠								
두 량	들입 部, 8획, 상용한자					兩		
兩	` ` ` ` ` ` ` ` 兩							
兩								
실마리 단	설립 部, 14획, 한자능력검정 준4급					端		
端	` ` ` ` ` ` ` ` 端 端 端 端 端							
端								

首	鼠	兩	端	首	鼠	兩	端

漱 石 枕 流

양치질 **수**　　돌 **석**　　　베개 **침**　　흐를 **류**

: 돌로 양치질을 하고 흐르는 물을 베개로 삼는다는 뜻
으로 실패를 인정하지 않고 억지를 쓰는 사람이나 상
황을 비유한 말.

고사성어 유래

　　진나라 초엽, 풍익태수를 지낸 손초가 벼슬길에 나가기 전 젊었을 때의 일이다. 당시 사대부간
에는 속세의 도덕과 명문을 경시하고 노장의 철리를 중히 여겨 담론하는 이른바 청담이 유행하던
때였다. 그래서 손초도 죽림칠현처럼 속세를 떠나 산림에 은거하기로 작정하고 친구인 왕제에게
흉금을 털어놓았다.

　　이때 '돌을 베개 삼아 눕고, 흐르는 물로 양치질하는 생활을 하고 싶다' 고 해야 할 것을 반대로
'돌로 양치질하고 흐르는 물을 베개로 삼겠다' 고 잘못 말했다. 왕제가 웃으며 실언임을 지적하자
자존심이 강한데다 문재까지 뛰어난 손초는 서슴없이 이렇게 강변했다.

　　"흐르는 물을 베개로 삼겠다는 것은 옛날 은사인 허유와 같이 쓸데없는 말을 들었을 때 귀를 씻
기 위해서이고, 돌로 양치질 한다는 것은 이를 닦기 위해서라네."

양치질 수	삼수변 部, 14획, 상용한자	漱		
漱	`　丶　氵　氵　氵　氵　沪　沪　沭　沭　漱　漱　漱　漱`			
漱				

돌 석	돌석 部, 5획, 한자능력검정 6급	石		
石	一　丆　丆　石　石			
石				

베개 침	나무목 部, 8획, 한자능력검정 3급	枕		
枕	一　十　才　木　朮　朳　朳　枕			
枕				

흐를 류	삼수변 部, 10획, 한자능력검정 5급	流		
流	`丶　丶　氵　氵　氵　汸　汸　汸　流　流`			
流				

漱	石	枕	流	漱	石	枕	流

水 魚 之 交

물 **수**　　물고기 **어**　　어조사 **지**　　사귈 **교**

: 물과 고기의 사이처럼 친한 사귐을 이라는 말.

고사성어 유래

　유비가 은거하고 있던 제갈량을 만나기 위해 두 번이나 허탕을 치고 세 번째에야 가까스로 만나게 되자, 관우와 장비는 그것이 무척 못마땅했다. 사실 처음부터 관우와 장비는 유비가 친히 제갈량을 찾아가는 것에 대해 불만을 가지고 있었다. 이런 상황을 지켜보던 장비는

　"일개 촌부에 불과한 것 같은데 사람을 불러 오게 합시다"라고 말했고 결국 두 번째도 허탕치자 이번에는 관우도 참을 수 없다는 듯이 한마디 했다.

　"두 번이나 찾았다면 예를 다한 셈입니다. 보아하니 제갈량은 유명무실한 인물이라 일부러 피하는지도 모릅니다. 너무 애착을 갖는 것은 아닌지요."

　그러자 장비도 이때다 싶어 더욱 크게 말했다.

　"이제는 정말 가실 필요가 없습니다. 녀석이 안 오겠다면 제가 밧줄로 꽁꽁 묶어서라도 잡아 오겠습니다."

　하지만 유비는 끝까지 예를 다했다. 결국 유비의 정성에 감탄한 제갈량은 산을 내려와 그를 위해 온 힘을 다했다. 나중에 유비는 그러한 제갈량을 사부로 극진히 모셨다.

　날이 갈수록 유비가 제갈량을 신뢰하고 사이가 가까워지자 관우와 장비가 몹시 불만스러워했다. 어느 날 유비가 그것을 알고 그들을 불러 말하기를,

　"나에게 제갈량이 있는 것은 물고기가 물에 있는 것과 같다. 원컨대 다시는 그에 대해 말하지 말거라."

　관우와 장비는 달리 대꾸할 말이 없었다.

물 수	물수 部, 4획, 한자능력검정 8급	水		
水	亅 刁 刁 水 水			
水				
물고기 어	고기어 部, 11획, 한자능력검정 5급	魚		
魚	𠂆 夕 夕 各 各 各 备 魚 魚 魚 魚			
魚				
어조사 지	삐침별 部, 4획, 한자능력검정 준3급	之		
之	丶 ㇗ ㇇ 之			
之				
사귈 교	돼지해머리 部, 6획, 한자능력검정 6급	交		
交	丶 亠 宀 六 亣 交			
交				

水	魚	之	交	水	魚	之	交

守 株 待 兎

지킬 **수**　　그루 **주**　　기다릴 **대**　　토끼 **토**

: 어리석게 한 가지만 기다려 융통성이 없다는 말로 노
력없이 성공을 바라는 것을 비유함.

고사성어 유래

이 이야기의 출전은 〈한비자〉이다.
　송나라의 한 농부가 밭을 갈고 있었다. 그때 갑자기 토끼 한 마리가 뛰어와서 밭 가운데 있는 나
무 그루터기에 머리를 부딪쳐 목이 부러져 죽고 말았다. 토끼 한 마리를 공짜로 잡은 그 농부는 농
사를 짓기보다는 토끼를 잡는 것이 더 이익이라고 생각하고 농사를 때려치웠다. 그리고는 매일 밭
두둑에 앉아서 그루터기를 지키며 토끼가 나타나 그루터기에 머리를 부딪치기를 기다렸다. 하지
만 토끼는 그곳에 다시 나타나지 않았고 이 모습을 지켜본 사람들의 웃음거리가 되었다.

지킬 수	갓머리 部, 6획, 한자능력검정 준4급	守		
守	`丶 丷 宀 宀 守 守`			
守				
그루 주	나무목 部, 10획, 한자능력검정 준3급	株		
株	`一 十 才 木 木 杧 杧 杵 株 株`			
株				
기다릴 대	두인변 部, 9획, 한자능력검정 6급	待		
待	`丿 彳 彳 彳 社 社 社 待 待`			
待				
토끼 토	어진사람인발 部, 8획, 한자능력검정 준3급	兎		
兎	`丿 亻 亇 台 台 兂 兎 兎`			
兎				

守	株	待	兎	守	株	待	兎

安 貧 樂 道

편안 **안**   가난할 **빈**   즐길 **낙**   길 **도**

: 가난한 생활에서도 편안한 마음으로 도를 즐김.

공자가 총애했던 제자 안회는 어찌나 열심히 학문을 익혔는지 나이 스물아홉에 백발(白髮)이 되었다고 한다. 특히 덕행(德行)이 뛰어나 공자도 그로부터 배울 점이 많았다. 그런데 한 가지 아쉬운 것은 너무 가난하였다는 점이었다. 그래서 일생 동안 끼니도 제대로 잇지 못했고, 지게미조차 배불리 먹어보지 못했다. 하지만 그는 그런 외부의 환경을 탓하거나 자신의 처지를 비관한 적이 한 번도 없었다. 오히려 주어진 환경을 순순히 받아들이고 성인(聖人)의 도(道)를 추구하는데 열심이었다.

그래서 공자는 이렇게 말했다.

"변변치 못한 음식을 먹고 누추하기 그지없는 뒷골목에 살면서도 아무런 불평이 없구나. 가난을 예사로 여기면서도 여전히 성인(聖人)의 도를 좇길 즐겨하고 있으니 이 얼마나 장한가."

편안 안	갓머리 部, 6획, 한자능력검정 7급	安		
安	`丶 丶 宀 灾 安 安`			
安				
가난할 빈	조개패 部, 11획, 한자능력검정 준4급	貧		
貧	`丿 八 分 分 夘 笕 貧` `貧 貧 貧 貧`			
貧				
즐길 낙	나무목 部, 15획, 인ㆍ지명용 한자	樂		
樂	`丿 亻 㐅 白 白 伯 伯 幻 丝` `丝 丝 絲 缌 樂 樂 樂`			
樂				
길 도	책받침 部, 13획, 한자능력검정 7급	道		
道	`丶 丷 丷 丷 ㇒ 丷 首` `首 首 首 首 道 道`			
道				

安	貧	樂	道	安	貧	樂	道

梁 上 君 子

대들보 **양**　　위 **상**　　군자 **군**　　아들 **자**

: 대들보 위의 군자라는 뜻으로 곧 도둑을 가리키는 말.

　옛날 후한 말에 진식이라는 사람이 있었다. 그는 태구라는 곳의 장관이 된 뒤에도 덕을 잘 닦아 청렴하고 온화한 마음으로 현정에 이바지했기에 그 곳의 사람들은 안락하게 생활할 수 있었다.

　그러던 어느 날 밤, 도둑이 진식의 방에 들어와 대들보 위에 숨었다. 진식은 은근히 그것을 보고 있었지만 위엄을 갖추고 아들과 손자를 불러들인 다음 그들에게 훈계하며 말했다.

　"모름지기 사람은 스스로 힘써야 한다. 악을 행하는 사람도 반드시 본래는 악한 사람이 아니다. 평소에 뒤틀린 습관이 성격이 되어 악으로 내달리게 된다. 여기에 있는 양상군자도 이와 같은 사람이다."

　도둑은 이 말을 듣고 크게 놀라 스스로 대들보에서 뛰어 내려왔다. 그리고는 자신의 죄를 자백하고 용서를 빌었다. 이 일이 알려지자 태구에는 도둑질을 하는 사람이 없어졌다고 한다.

대들보 양 梁 梁	나무목 部, 11획, 상용한자 丶 丶 氵 汀 汈 汈 깃 깣 깣 梁 梁	梁		
위 상 上 上	한일 部, 3획, 한자능력검정 7급 丨 卜 上	上		
군자 군 君 君	입구 部, 7획, 한자능력검정 4급 フ ㅋ ㅋ 尹 尹 君 君	君		
아들 자 子 子	아들자 部, 3획, 한자능력검정 7급 フ 了 子	子		

梁	上	君	子	梁	上	君	子

羊 頭 拘 肉

양 양　　　머리 두　　　개 구　　　고기 육

: 밖에는 양 머리를 걸어 놓고 안에서는 개고기를 판다는 뜻으로 겉은 훌륭하나 속은 전혀 다른 속임수를 가지고 있는 것을 비유한 말.

고사성어 유래

춘추시대, 제나라 영공 때의 일이다.

영공은 궁중의 여인들에게 남장을 시켜 놓고 즐겨 구경하는 별난 취미를 가지고 있었다. 그런데 이러한 취미는 곧 백성들 사이에서도 유행되어 남장한 여인이 날로 늘어났다. 그러자 영공은 재상인 안영에게 '궁 밖에서 남장하는 여인들을 처벌하라'는 금령을 내리게 했다. 그러나 유행은 좀처럼 수그러들지 않았다. 영공이 안영에게 그 까닭을 묻자 그는 이렇게 말했다.

"전하께서는 궁중의 여인들에게 남장을 허용하시면서 궁 밖의 여인들에게는 금령을 내렸사옵니다. 하오면 이는 밖에서는 양 머리를 걸어놓고 안에서는 개고기를 파는 것과 다를 것이 무엇이옵니까? 이제라도 궁중의 여인들에게 남장을 금하시옵소서. 그러면 궁 밖의 여인들도 감히 남장을 하지 못할 것이옵니다."

영공은 안영의 말에 따라 즉시 궁중의 여인들에게도 남장 금지령을 내렸다. 그러자 이튿날부터 제나라에서는 남장한 여인을 찾아볼 수 없었다고 한다.

양 양	양양 部, 6획, 한자능력검정 준4급	羊		
羊	、 ソ ゾ 半 羊 羊			
羊				
머리 두	머리혈 部, 16획, 한자능력검정 6급	頭		
頭	一 万 百 百 豆 豆 豆 豆 頭 頭 頭 頭 頭 頭 頭			
頭				
개 구	재방변 部, 8획, 한자능력검정 준3급	拘		
拘	一 寸 扌 扌 扚 拘 拘 拘			
拘				
고기 육	고기육 部, 6획, 한자능력검정 준4급	肉		
肉	丨 冂 冂 內 肉 肉			
肉				

羊	頭	拘	肉	羊	頭	拘	肉

易 子 教 之

바꿀 역   아들 자   가르칠 교   갈 지

: 바꾸어 가르친다는 뜻으로, 부모가 자기 자식을 가르치기는 어렵다는 의미함.

고사성어 유래

맹자의 제자 공손추가 공자가 하나밖에 없는 아들을 직접 가르치지 않았다는 것을 듣고 궁금하여, 스승인 맹자에게 물었다.

이에 맹자는 이렇게 대답하였다.

"형편이 그렇게 될 수밖에 없다. 가르치는 사람은 반드시 바르게 하라고 가르친다. 바르게 하라고 가르쳐도 그대로 실행하지 않으면 자연히 노여움이 따른다. 그러면 도리어 부자간의 정이 상하게 된다. 이에 자식은, 아버지는 나를 바르게 하라고 가르치지만 아버지 역시 바르게 살지 못한다고 느낀다. 그러기에 옛날 사람들은 자식을 서로 바꿔 가르쳤다. 부자간에는 잘못했다고 책하지 않는 법이다. 잘못을 꾸짖으면 서로 감정이 상한다. 정이 멀어지면 그보다 더 큰 불행이 어디 또 있겠는가?"

바꿀 역	날일 部, 8획, 한자능력검정 4급	易		
易	㇑ ㇆ ㄇ 日 月 号 昌 易			
易				
아들 자	아들자 部, 3획, 한자능력검정 7급	子		
子	㇇ 了 子			
子				
가르칠 교	둥글월문 部, 11획, 한자능력검정 8급	教		
教	ノ メ ゟ 孝 孝 孝 孝 教 孝 教 教			
教				
갈 지	삐침별 部, 4획, 한자능력검정 준3급	之		
之	㇔ ㇌ ㇇ 之			
之				

易	子	教	之	易	子	教	之

緣 木 求 魚

인연 **연**　　　나무 **목**　　　구할 **구**　　　물고기 **어**

: 불가능한 일을 하고자 할 때에 비유하는 말.

고사성어 유래

　　전국시대에 맹자는 제후들을 찾아다니며 인의(仁義)를 치세의 근본으로 삼는 왕도정치론을 알리고 있었다. 위나라 혜왕을 만나 본 맹자는 제 선왕이 죄없이 죽으러 가는 소를 불쌍히 여긴 처사를 듣고 왕도정치의 가능성을 보고 제 선왕을 만났다. 그러나 제 선왕이 생각하는 시대가 요구하는 것은 왕도정치가 아니라 무력과 책략을 수단으로 하는 패도정치였으므로, 제 선왕과 맹자의 생각은 서로 달랐다.

　　제 선왕이 말했다.

　　"제나라 환공과 진나라 문공의 사적에 관하여 말씀을 들려주시겠습니까?"

　　"공자의 문도들 중에는 제환공과 진문공의 사적에 관하여 말을 한 사람이 없습니다. 그래서 후세에 전술되지 않았습니다. 저도 그에 관하여서는 아직 들어 본 일이 없습니다. 제게 꼭 무슨 이야기든지 듣지 않고는 그만둘 수 없으시다면 왕도에 관한 말씀을 드리겠습니다."

　　그리고는 "대체 왕께서는 전쟁을 일으켜 병사와 장교를 위험에 빠지게 하고, 이웃 나라의 제후들과는 원수가 된 후에야 마음이 상쾌하시겠습니까?" 라고 질문했다.

　　"아니올시다. 내 어찌 그런 일이 상쾌하겠습니까. 내가 크게 소망하는 목적을 달성하기 위하여 그러는 것입니다."

　　"왕께서 크게 소망하시는 바가 무엇입니까?"

　　왕은 맹자의 물음에 웃기만 하고 아무 말이 없었다. 맹자는 덧붙여 질문을 했다

　　"그렇다면 살찐 고기와 달콤한 맛의 요리가 왕의 입맛에 아직 부족하기 때문이며, 가뿐하고 따뜻한 비단 옷이 몸에 만족스럽지 않기 때문입니까? 아니면 혹, 아름다운 빛깔을 눈으로 보시기에 아직 부족하기 때문이며, 풍악소리가 귀로 들으시기에 아직 부족하기 때문이며, 측근 신하들이 앞에서 부리시기 아직 만족스럽지 못하기 때문입니까? 그런 일들이라면 왕의 여러 신하들이 왕께서 만족하실 만큼 바쳐드릴 터입니다. 왕께서 어찌 그런 일 때문에 그러하시겠습니까?"

　　이에 왕은 "아닙니다. 내가 그런 일들을 위해서 그러는 것은 아닙니다" 라고 대답했다.

　　"그렇다면 왕께서 크게 소망하시는 바를 알 수 있겠습니다. 영토를 확장하고 진나라. 초나라와 같은 큰 나라들을 절하러 오게 하여, 중국에 군림하고 사방의 야만국을 어루만지고 싶으신 것입니다. 그러나 전쟁이나 일삼는 그와 같은 방법을 가지고 그와 같은 큰 소망을 이루시려는 것은 마치 나무에 올라가서 물고기를 잡는 것과 같습니다."

　　맹자의 말에 왕은 "그토록 터무니없는 일입니까?" 라고 질문을 했다.

　　"아니, 그보다 더욱 터무니없는 일입니다. 나무에 올라가서 물고기를 잡는 것은 못 잡아도 후환이야 없습니다. 그러나 그와 같은 방법을 가지고 그와 같은 큰 소망을 이루시려고 하신다면 전심 전력을 다하여 애쓰더라도 그 뒤에 반드시 재앙이 생깁니다."

인연 연 緣 緣	실사 部, 15획, 한자능력검정 4급						緣		
	′ 2 4 4 糸 糸 糽 糺 紣 紣 絆 絡 絡 絲 緣 緣								
나무 목 木 木	나무목 部, 4획, 한자능력검정 8급						木		
	一 十 才 木								
구할 구 求 求	아래물수 部, 7획, 한자능력검정 준4급						求		
	一 十 寸 才 求 求 求								
물고기 어 魚 魚	물고기어 部, 11획, 한자능력검정 5급						魚		
	′ ′ ′ 夕 台 台 台 魚 魚 魚 魚 魚								

緣	木	求	魚	緣	木	求	魚

五里霧中

다섯 **오**　　마을 **리**　　안개 **무**　　가운데 **중**

: 사방 5리가 온통 안개 속이라는 뜻으로, 즉 앞길을 예
측할 수 없음을 비유한 말.

　후한 순제 때 학문이 뛰어난 장해라는 선비가 있었다. 순제가 여러 번 등용하려 했지만 그는 병
을 핑계대고 출사하지 않았다. 장해는 《춘추》〈고문상서〉에 통달한 학자로서 평소 거느리고 있는
문하생만 해도 100명을 웃돌았다. 게다가 전국 각 처의 학식과 명망이 높은 선비들을 비롯하여 귀
족, 고관대작, 환관들까지 다투어 그의 문을 두드렸으나 그는 이를 싫어하여 화음산 기슭에 자리한
고향으로 낙향하였다. 그러나 장해를 쫓아 온 문하생과 학자들로 인해 그의 집은 저자를 이루다시
피 붐볐다. 나중에는 화음산 남쪽 기슭에 장해의 자를 딴 공초라는 저잣거리까지 생겼다고 한다.
　그런데 장해는 학문뿐 아니라 도술에도 능하여 쉽사리 '오리무(五里霧)'를 만들었다고 한다. 즉
방술로써 사방 5리에 안개를 일으켰다는 것이다.

다섯 오	두이 部, 4획, 한자능력검정 8급					五		
五	一　丁　五　五							
五								
마을 리	마을리 部, 7획, 한자능력검정 7급					里		
里	丶　口　曰　日　旦　甲　里							
里								
안개 무	비우 部, 19획, 한자능력검정 3급					霧		
霧	一　亠　宀　雨　雫　雫　雫　雫　雫　雫　雫　霧　霧　霧　霧　霧　霧　霧　霧							
霧								
가운데 중	뚫을곤 部, 4획, 한자능력검정 8급					中		
中	丶　口　口　中							
中								

五	里	霧	中	五	里	霧	中

吳越同舟

오나라 오 　 월나라 월 　 한가지 동 　 배 주

: 원수인 오나라 사람과 월나라 사람이 같은 배를 탔다는
뜻으로 서로 미워해도 위험에 처하면 돕게 된다는 말.

고사성어 유래

《손자》라는 책은 중국의 유명한 병서로써 춘추시대 오나라의 손무가 쓴 것이다. 손무는 오왕 합려 때 서쪽으로는 초나라의 도읍을 공략하고, 북장의 제나라와 진나라를 격파한 명장이기도 했다.

《손자》〈구지편〉에는 다음과 같은 글이 실려 있다.

"병을 쓰는 법에는 아홉 가지의 방법이 있다. 그 구지 중 최후의 것을 사지라 한다. 주저 없이 일어서 싸우면 살길이 있고 기가 꺾이어 망설이면 패망하고 마는 필사의 지이다. 그러므로 사지에 있을 때는 싸워야 활로가 열린다. 나아갈 수도, 물러설 수도 없는 필사의 장에서는 병사들이 한마음, 한 뜻이 되어 필사적으로 싸울 것이기 때문이다. 이때 유능한 장수의 용병술은 예컨대 상산에 서식하는 솔연이란 큰 뱀의 몸놀림과 같아야 한다. 머리를 치면 꼬리가 날아오고 꼬리를 치면 머리가 덤벼든다. 또 몸통을 치면 머리와 꼬리가 한꺼번에 덤벼든다. 이처럼 세력을 하나로 합치는 것이 중요하다. 예부터 서로 적대시해 온 오나라 사람과 월나라 사람이 같은 배를 타고 강을 건넌다고 생각해보자. 강 한복판에 이르렀을 때 큰 바람이 불어 배가 뒤집히려 한다면 오나라 사람이나 월나라 사람은 평소의 적개심을 잊고 서로 왼손 오른손이 되어 필사적으로 도울 것이다. 바로 이것이다. 전차의 말들을 서로 단단히 붙들어 매고 바퀴를 땅에 묻고서 적에게 그 방비를 파괴당하지 않으려 해봤자 최후에 의지가 되는 것은 그것이 아니다. 의지가 되는 것은 오로지 필사적으로 하나로 뭉친 병사들의 마음이다."

오나라 오	입구 部, 7획, 한자능력검정 2급		吳		
吳	丶 丷 口 吕 吕 旲 吳				
吳					
월나라 월	달아날주 部, 12획, 한자능력검정 준3급		越		
越	一 十 土 キ キ 走 走 走 走 越 越 越				
越					
한가지 동	입구 部, 6획, 한자능력검정 7급		同		
同	丨 冂 冃 冋 同 同				
同					
배 주	배주 部, 6획, 한자능력검정 3급		舟		
舟	丿 丿 刀 角 舟 舟				
舟					

吳	越	同	舟	吳	越	同	舟

烏 合 之 衆

까마귀 오   합할 합   갈 지   무리 중

: 아무 규율도 통일도 없이 몰려다니는 무리를 비유.

고사성어 유래

전한 말, 대사마인 왕망은 평제를 시해하고 나이 어린 영을 세워 새 황제로 삼았으나 3년 후 영을 폐하고 스스로 제위에 올라 국호를 신이라 일컬었다. 그러나 잦은 정변과 실정으로 인해 각지에 도둑떼가 들끓었다.

이처럼 천하가 혼란에 빠지자 후한의 시조인 유수는 즉시 군사를 일으켜 왕망 일당을 주벌하고 경제의 후손인 유현을 황제로 옹립했다. 이에 천하는 다시 한나라에게로 돌아갔다.

대사마가 된 유수가 이듬해 성제의 아들 유자여를 자처하여 분수에 넘치게 황제라 칭하고 왕랑을 토벌하러 나서자 상곡 태수 경황은 즉시 아들인 경감에게 군사를 주어 평소부터 흠모하던 유수의 토벌군에 합류하게 했다. 그런데 유수의 본진을 향해 행군하던 경감의 군사는 손창과 위포가 갑자기 행군을 거부하는 바람에 잠시 동요했다.

"유자여는 한 왕조의 정통인 성제의 아들이라고 하오. 그런 사람을 두고 대체 어디로 간단 말이오?"

격노한 경감은 두 사람을 앞으로 끌어낸 뒤 칼을 빼들고 말했다.

"왕랑은 도둑일 뿐이다. 그런 놈이 황제를 사칭하여 난을 일으키고 있지만, 내가 장안의 정예군과 합세해서 들이치면 그까짓 '오합지중'은 마른 나뭇가지보다 쉽게 꺾일 것이다. 지금 너희가 사리를 모르고 도둑과 한패가 됐다가는 멸문지화를 면치 못하리라."

그날 밤 그들은 왕랑에게로 도망치고 말았지만 경감은 뒤쫓지 않았다. 서둘러 유수의 토벌군에 합류한 경감은 많은 무공을 세우고, 마침내 건위대장군에 임명되었다.

까마귀 오	연화발 部, 10획, 한자능력검정 준3급						烏		
烏 烏	´ ⺀ ⺁ ⼾ ⼾ 烏 烏 烏 烏 烏								
합할 합	입구 部, 6획, 한자능력검정 6급						合		
合 合	ノ 人 ㅅ 今 合 合								
갈 지	삐침별 部, 4획, 한자능력검정 준3급						之		
之 之	、 ㇐ ⺍ 之								
무리 중	피혈 部, 12획, 한자능력검정 준4급						衆		
衆 衆	´ ⺀ ⽩ ⾎ ⾎ 血 衆 衆 衆 衆 衆								

烏	合	之	衆	烏	合	之	衆

溫 故 知 新

복습할 온　　　옛 고　　　깨달을 지　　　새 신

: 옛 것을 익히고 그것으로 미루어 새 것을 안다는 뜻.

고사성어 유래

공자는 《논어》의 〈위정편〉에서 이렇게 말했다.

"옛 것을 익히어 새 것을 알면 이로써 남의 스승이 될 수 있느니라."

남의 스승이 된 사람은 고전에 대한 박식만으로는 안 된다. 즉 고전을 연구하여 거기서 현대나 미래에 적용될 수 있는 새로운 도리를 깨닫는 것이 아니며 안 된다는 것을 말하고 있다.

또한 《예기》의 〈학기편〉에는 이런 글이 실려있다.

"기문지학(피상적인 학문)은 이로써 남의 스승이 되기에는 부족하다."

이는 지식을 암기해서 질문에 대답하는 것만으로는 남의 스승이 될 자격이 없다는 뜻인데 이 말은 온고지신과는 표리를 이루는 것이다. 우리가 오늘날 고전을 연구함에 있어서도 고전의 현대적 의의를 탐구하는 것이 중요하며 여기에 고전 학습의 의의가 있는 것이다.

복습할 온	삼수변 部, 13획, 한자능력검정 6급		溫		
溫	丶 冫 氵 氵 沪 沪 沪 沪 沪 渭 渭 渭 溫 溫 溫				
溫					
옛 고	등글월문 部, 9획, 한자능력검정 준4급		故		
故	一 十 十 古 古 古 故 故 故				
故					
깨달을 지	화살시 部, 8획, 한자능력검정 5급		知		
知	丿 一 仁 午 矢 知 知 知				
知					
새 신	날근 部, 13획, 한자능력검정 6급		新		
新	丶 一 亠 立 立 辛 辛 辛 亲 新 新 新 新				
新					

溫	故	知	新	溫	故	知	新

蝸 角 之 爭

달팽이 와   뿔 각   갈 지   다툴 쟁

: 달팽이 촉각 위에서의 싸움이라는 뜻으로 큰 것에는 아무런 영향이 없는 작은 다툼을 비유하는 말.

고사성어 유래

전국시대 양나라 혜왕은 중신들과 맹약을 깬 제나라 위왕에 대한 응징책을 논의했으나 의견이 모아지지 않았다. 그래서 혜왕은 재상 혜자가 데려온 대진인에게 의견을 물었다. 대진인은 현인으로 이름 난 사람답게 이렇게 물었다.

"전하, 달팽이라는 미물이 있사온데 그것을 아시나이까?"

"물론 알고 있소."

"그 달팽이의 왼쪽 촉각 위에는 촉 씨라는 자가, 오른쪽 촉각 위에는 만 씨라는 자가 각각 나라를 세우고 있었나이다. 어느 날 그들은 서로 영토를 다투어 전쟁을 시작했는데 죽은 자가 수만 명에 이르고, 도망가는 적을 추격한 지 15일 만에 전쟁을 멈추었다 하옵니다."

"그런 엉터리 이야기가 어디 있소?"

"하오면, 이 이야기를 사실에 비유해 보겠나이다. 전하, 이 우주의 사방상하에 제한이 있다고 생각하시옵니까?"

"아니, 끝이 있다고는 생각하지 않소."

"하오면 마음을 그 무궁한 세계에 노닐게 하는 자에게는 사람이 왕래하는 지상의 나라 따위는 있는 것도 같고 없는 것도 같은 하찮은 것이라고 할 수 있사옵니다."

"으흠, 과연."

"그 나라들 가운데 위라는 나라가 있고, 위나라 안에 대량이라는 도읍이 있사오며, 그 도읍의 궁궐 안에 전하가 계시옵니다. 이렇듯 우주의 무궁에 비한다면, 지금 제나라와 전쟁을 시작하시려는 전하와 달팽이 촉각 위의 촉 씨와 만 씨가 싸우는 것과 무슨 차이가 있사옵니까?"

"과연, 별 차이가 없는 것 같소."

대진인이 물러가자 제나라와 싸울 마음이 싹 가진 혜왕은 예자에게 힘없이 말했다.

"그 사람은 성인도 미치지 못할 대단한 인물이오."

달팽이 와 蝸	벌레충 部, 15획, 한자능력검정 1급	蝸
	`丶 口 口 中 虫 虫 蚯 蚓` `蚓 蚓 蚓 蝸 蝸 蝸 蝸`	
蝸		

뿔 각 角	뿔각 部, 7획, 한자능력검정 6급	角
	`丿 ク 夕 今 角 角 角`	
角		

갈 지 之	삐침별 部, 4획, 한자능력검정 준3급	之
	`丶 亠 宀 之`	
之		

다툴 쟁 爭	손톱조 部, 8획, 한자능력검정 5급	爭
	`丿 丿 丆 丆 丆 丞 丞 爭`	
爭		

蝸	角	之	爭	蝸	角	之	爭

臥 薪 嘗 膽

누울 **와** 섶나무 **신** 맛볼 **상** 쓸개 **담**

: 나무 위에서 잠을 자고 쓸개를 핥는다는 뜻으로, 원수를 갚기 위해 고난을 참고 견딤을 의미함.

춘추시대 월왕 구천과 취리에서 싸워 크게 패한 오왕 합려는 적의 화살에 부상당한 손가락의 상처가 악화하는 바람에 목숨을 잃었다. 임종 때 합려는 태자인 부차에게 반드시 구천을 쳐서 원수를 갚으라고 말했다. 오왕이 된 부차는 부왕의 유명을 잊지 않으려고 섶 위에서 잠을 자고 자기 방에 드나드는 신하들에게는 방문 앞에서 부황의 유명을 외치도록 하였다.

"부차야, 월왕 구천이 너의 아버지를 죽였다는 것을 잊어서는 안 된다!"

그때마다 부차는 임종 때 부왕에게 한 그대로 대답했다.

"예, 결코 잊지 않고 3년 안에 꼭 원수를 갚겠나이다."

이처럼 밤낮없이 복수를 맹세한 부차는 은밀히 군사를 훈련하면서 때가 오기만을 기다렸다.

이 사실을 안 월왕 구천은 참모인 범려가 간(諫) 했으나 듣지 않고 선제 공격을 감행했다. 그러나 월나라 군사는 복수심에 불타는 오나라 군사에 대패하여 회계산으로 도망갔다. 오나라 군사가 포위하자 진퇴양난에 빠진 구천은 범려의 헌책에 따라 오나라의 재상 백비에게 많은 뇌물을 준 뒤 부차에게 신하가 되겠다고 항복을 청원했다. 이때 오나라의 중신 오자서가 '후환을 남기지 않으려면 지금 구천을 쳐야 한다' 고 간했으나 부차는 백비의 진언에 따라 구천의 청원을 받아들이고 귀국까지 허락했다.

구천은 오나라의 속령이 된 고국으로 돌아오자 항상 곁에다 쓸개를 놔두고 앉으나 서나 그 쓴맛을 맛보며 회계의 치욕을 상기했다. 그리고 부부가 함께 밭을 갈고 길쌈하는 농군이 되어 은밀하게 군사를 훈련하며 복수의 기회를 노렸다.

회계의 치욕의 날로부터 12년이 지난 그 해 봄, 부차가 천하에 패권을 일컫기 위해 기(杞) 땅의 황지에서 제후들과 회맹하고 있는 사이에 구천은 군사를 이끌고 오나라로 쳐들어갔다. 그로부터 역전 7년 만에 오나라의 도읍 고소에 육박한 구천은 오왕 부차를 굴복시키고 마침내 회계의 치욕을 씻었다. 부차는 용동 정하에서 여생을 보내라는 구천의 호의를 사양하고 자결했다. 그 후 구천은 부차를 대신하여 천하의 패자가 되었다.

누울 와	신하신 部, 8획, 한자능력검정 3급	臥		
臥	一 丁 五 五 五 臣 臥 臥			
臥				

섶나무 신	초두머리 部, 17획, 한자능력검정 1급	薪		
薪	一 十 廾 艹 艹 荮 荮 荮 荮 荮 荮 荮 荮 薪 薪 薪 薪			
薪				

맛볼 상	입구 部, 14획, 한자능력검정 3급	嘗		
嘗	` ` ` ` ` 嘗 嘗 嘗 嘗 嘗 嘗 嘗 嘗 嘗 嘗			
嘗				

쓸개 담	달월 部, 17획, 한자능력검정 2급	膽		
膽	) 刀 月 月 月' 厂 脤 脤 脤 脤 脤 脤 脤 膽 膽 膽 膽			
膽				

臥	薪	嘗	膽	臥	薪	嘗	膽

愚 公 移 山

어리석을 우　귀 공　옮길 이　메 산

: 우공이 산을 옮긴다는 뜻으로 어떤 큰일이라도 끊임없
이 노력하면 반드시 이루어짐을 비유함.

고사성어 유래

춘추시대의 사상가 열자의 문인들이 열자의 철학 사상을 기술한《열자》〈탕문편〉에 다음과 같은 우화가 실려 있다.

먼 옛날 태행산과 왕옥산 기슭의 좁은 땅에 우공이라는 90세 노인이 살고 있었다. 그런데 사방 700리에 높이가 만 길이나 되는 두 큰 산이 집 북쪽을 가로 막고 있어 왕래에 장애가 되었다. 그래서 우공은 어느 날, 가족을 모아놓고 이렇게 물었다.

"나는 너희들과 저 두 산을 깎아 없애고, 예수와 한수 남쪽까지 곧장 길을 내고 싶은데 너희들 생각은 어떠하느냐."

모두 찬성했으나 아내만은 무리라며 반대의 의견을 냈다.

"아니, 늙은 당신의 힘으로 어떻게 저 큰산을 깎아 없앤단 말입니까? 그리고 흙은 또 어디에다 버리고요."

"발해(渤海)에다 버릴 것이오."

이 날 아침부터 우공은 세 아들과 손자들을 데리고 돌을 깨고 흙을 파서 삼태기로 발해까지 갖다 버리는 작업을 했다. 한 번 갔다가 돌아오는데 꼬박 1년이라는 시간이 걸렸다. 어느 날, 지수라는 사람이 죽을 날이 멀지 않은 노인이 망녕이 난 것이라며 비웃자 우공은 태연하게 말했다.

"내가 죽으면 아들이 하고, 아들은 또 손자를 낳고 손자는 또 아들을 낳지 않소. 이렇게 자자손손 계속하면 언젠가는 저 두 산이 평평해질 날이 오겠지."

이 마을 듣고 깜짝 놀란 것은 두 산을 지키는 사신이었다. 산이 없어지면 큰일이라고 생각한 사신은 옥황 상제에게 호소했다. 그러자 우공의 끈기에 감동한 옥황상제는 역신 과아의 두 아들에게 명하여 각각 두 산을 업어 태행산은 삭동 땅에, 왕옥산은 옹남 땅에 옮기게 했다. 그래서 두 산이 있었던 기주와 한수 남쪽에는 현재 작은 언덕조차 없다고 한다.

어리석을 우	마음심 部, 13획, 한자능력검정 준3급	愚		
愚	`丶 口 曰 甲 禺 禺 禺 禺 禺 禺 愚 愚`			
愚				
귀 공	여덟팔 部, 4획, 한자능력검정 6급	公		
公	`丿 八 公 公`			
公				
옮길 이	벼화 部, 11획, 한자능력검정 준4급	移		
移	`丿 二 千 禾 禾 禾 利 移 移 移 移`			
移				
메 산	메산 部, 3획, 한자능력검정 8급	山		
山	`丨 山 山`			
山				

愚	公	移	山	愚	公	移	山

有 備 無 患

있을 **유**　　갖출 **비**　　없을 **무**　　근심 **환**

: 준비가 있으면 근심할 것이 없음을 뜻함.

《열명》은 은나라 고종이 부열이란 어진 재상을 얻게 되는 경위와 부열의 어진 정사에 대한 의견과 그 의견을 실천하게 하는 내용을 기록한 글이다. 이 속에서 말하고자 하는 유비무환이란 말은 부열이 고종 임금에게 한 말 가운데 들어 있다. 그 부분을 소개하면 다음과 같다.

"생각이 옳으면 이를 행동으로 옮기되 그 옮기는 것을 시기에 맞게 하십시오. 그 능한 것을 자랑하게 되면 그 공을 잃게 됩니다. 오직 모든 일은 다 그 갖춘 것이 있는 법이니 갖춘 것이 있어야만 근심이 없게 될 것입니다."

또한 《춘추좌씨전》에는 다음과 같이 전한다.

진나라 도승이 정나라에서 보낸 값진 보물과 가희(佳姬)들을 화친(和親)의 선물로 보내오자 이것들을 위강에게 보냈다. 그러자 위강은 완강히 거부하면서 이렇게 말했다.

"평안히 지낼 때에는 항상 위태로움을 생각하여야 하고 위태로움을 생각하게 되면 항상 준비가 있어야 하며 충분한 준비가 되어 있으면 근심과 재난이 없을 것입니다."

있을 유	달월 部, 6획, 한자능력검정 7급					有		
有	一 ナ ナ 冇 有 有							
有								
갖출 비	사람인변 部, 12획, 한자능력검정 준4급					備		
備	ノ 亻 亻 亻 伃 併 俻 俻 俻 備 備							
備								
없을 무	연화발 部, 12획, 한자능력검정 5급					無		
無	ノ 广 느 뜬 숙 笙 無 無 無 無 無							
無								
근심 환	마음심 部, 11획, 한자능력검정 5급					患		
患	丶 口 口 串 吕 吕 串 串 患 患 患							
患								

有	備	無	患	有	備	無	患

以 心 傳 心

써 이   마음 심   전할 전   마음 심

: 말이나 글을 쓰지 않고 마음에서 마음으로 전한다는 말로, 곧 마음으로 이치를 깨닫게 한다는 것을 말함.

고사성어 유래

송나라의 중 도언이 석가 이후 고승들의 법어를 기록한 《전등록》을 보면 석가가 제자인 가섭에게 말이나 글이 아니라 '이심전심' 방법으로 불교의 진수를 전했다는 이야기가 나온다.

이에 대해 송나라의 중 보재의 《오등회원》에는 다음과 같이 적혀 있다.

어느 날 석가는 제자들을 영산에 불러모았다. 그리고 그들 앞에서 손가락으로 '연꽃 한 송이를 집어 들고' 말없이 약간 비틀어 보였다. 제자들은 석가가 왜 그러는지 그 뜻을 알 수 없었다. 그러나 가섭만은 그 뜻을 깨닫고 빙긋이 웃었다. 그제야 석가는 가섭에게 말했다.

"나에게는 정법안장(인간이 원래 갖추고 있는 마음의 덕)과 열반묘심(번뇌를 벗어나 진리에 도달한 마음), 실상무상(불변의 진리), 미묘법문(진리를 아는 마음), 불립문자 교외별전(모두 언어나 경전에 의하지 않고 '이심전심' 으로 전하는 오묘한 뜻. 곧 진리는 마음에 의해서만 전해지고 받아들여지기 때문에 이렇게 말함)이 있다. 이것을 너에게 전해 주마."

써 이	사람인 部, 5획, 한자능력검정 5급	以		
以	ㅣ ㄴ ㄴ 以 以			
以				
마음 심	마음심 部, 4획, 한자능력검정 7급	心		
心	ㅅ 心 心 心			
心				
전할 전	사람인 部, 13획, 한자능력검정 5급	傳		
傳	ノ イ イ イ 仁 佢 佢 俥 俥 僡 傳 傳			
傳				
마음 심	마음심 部, 4획, 한자능력검정 7급	心		
心	ㅅ 心 心 心			
心				

以	心	傳	心	以	心	傳	心

一 擧 兩 得

한 일　들 거　두 양　얻을 득

: 한 가지 일로 두 가지 효과를 얻음.

고사성어 유래

　진나라 혜문왕 때의 일이다. 중신 사마조는 어전에서 '중원으로의 진출이야말로 조명시리에 부합하는 패업' 이라며 중원으로의 출병을 주장하는 재상 장의와는 달리 혜문왕에게 이렇게 진언했다.

　"신이 듣기로는 부국을 원하는 군주는 먼저 국토를 넓히는 데 힘써야 하며, 패자가 되기를 원하는 군주는 먼저 덕을 쌓는 데 힘써야 한다고 하옵니다. 이 두 가지 요건이 갖춰지면 패업은 자연히 이루어지는 법이옵니다. 하오나, 지금 진나라는 국토도 협소하고 백성들은 빈곤하옵니다. 그래서 이 두 가지 문제를 한꺼번에 해결하려면 먼저 막강한 진나라의 군사로 촉 땅의 오랑캐를 정벌하는 길밖에 달리 좋은 방법이 없는 줄로 아옵니다. 그러면 국토는 넓어지고 백성들의 재물은 쌓일 것이옵니다. 이야말로 '일거양득' 이 아니고 무엇이옵니까. 그러나 지금 천하를 호령하기 위해 천하의 종실인 주나라와 동맹을 맺고 있는 한나라를 침범하면, 한나라는 제나라와 조나라를 통해서 초나라와 위나라에 구원을 청할 것이 분명하오며, 더욱이 주나라의 구정은 초나라로 옮겨질 것이옵니다. 그땐 진나라가 공연히 천자를 위협한다는 악명만 얻을 뿐이옵니다."

　혜문왕은 사마조의 진언에 따라 촉 땅의 오랑캐를 징벌하고 국토를 넓혔다.

한 일	한일 部, 1획, 한자능력검정 8급	一		
一	一			
一				
들 거	손수 部, 18획, 한자능력검정 5급	擧		
擧	´ ´ ʳ ʳ ʳ ʳ ʳʳ ʳʳ ʳʳ ʳʳ ʳʳ 與 與 與 與 擧 擧 擧			
擧				
두 양	들입 部, 8획, 한자능력검정 준4급	兩		
兩	ー 一 冂 币 币 币 兩 兩			
兩				
얻을 득	두인변 部, 11획, 한자능력검정 준4급	得		
得	´ ´ ´ ´ ´ ´ ´ ´ ´ 得 得			
得				

一	擧	兩	得	一	擧	兩	得

一 網 打 盡

한 일　　그물 망　　칠 타　　다할 진

: 한 번 그물을 쳐서 물고기를 다 잡는다는 뜻으로, 어떤
무리를 한꺼번에 모조리 잡는다는 의미함.

고사성어 유래

송나라 제4대 인종 황제 때 청렴하고 강직하기로 이름 높은 두연이 재상이 되었다.

당시 관습으로 황제가 장관들과 의논하지 않고 자신의 명령을 적은 문서를 마음대로 내리는 일이 있었는데 이것을 내강(內降)이라고 했다.

두연은 이 관습이 조정의 기강을 어지럽힌다고 하여 내강이 있어도 자기가 가지고 있다가 쌓이면 황제께 되돌려 보냈다.

황제는 간신 구양수와 의논을 했다.

"짐의 내강을 두연이 무시하여 은조를 내려달라는 사람은 많고 짐의 처신이 어렵네."

구양수는 두연을 두둔했으나 조정내에서는 비난의 소리가 높았다. 특히 두연 때문에 성지가 무시된 자들은 두연을 원망하고 그를 실각시킬 기회만 노리고 있었다.

마침 그때 두연의 사위인 소순흠이 반고지(反故紙)를 판 돈(국고금)으로 신을 제사하고 관청의 손님을 초대하고 기녀를 불러 성대한 주연을 베풀었다.

두연 때문에 파면된 하송의 일파인 어사 왕동진이 곧 소순흠을 탄핵하여, 그 일당을 모조리 하옥시키고, "나는 한 그물로 한 사람도 남기지 않고 제거했다"고 기뻐했다.

결국 이 사건 때문에 청렴결백하고 조정의 기강을 세우려던 두연도 겨우 70일만에 재상의 자리에서 물러나게 되었다.

한 일	한일 部, 1획, 한자능력검정 8급			一		
一	一					
一						
그물 망	실사 部, 14획, 한자능력검정 2급			網		
網	ﾉ ﾚ ﾑ ﾗ 糸 糸 糸 糽 紀 網 網 網 網 網 網					
網						
칠 타	재방변 部, 5획, 한자능력검정 5급			打		
打	一 十 扌 扌 打					
打						
다할 진	그릇명받침 部, 14획, 한자능력검정 4급			盡		
盡	�7 ﾋ ﾋ ﾕ 聿 聿 聿 盡 盡 盡 盡 盡 盡 盡					
盡						

一	網	打	盡	一	網	打	盡

一 以 貫 之

한 일　　써 이　　뚫을 관　　갈 지

: 하나로 꿰뚫음. 곧 어떤 일을 일관되게 하나의 원리로
꿰뚫고 있는 것을 말함.

공자가 자신의 도를 형용한 말로 《논어》의 〈이인편〉에 실려있는 말이다.

어느 날 공자가 증삼을 비롯한 제자들이 있는 곳을 찾아갔다. 공자는 증삼을 바라보면서 말했다.

"삼아, 나의 도는 하나로 꿰어져 있느니라."

그 말을 받아 증삼이 대답했다.

"네, 알고 있습니다."

다른 이들이 듣기에는 마치 선 문답 같은 말을 주고받는 것과 같았기에 공자가 돌아가자 다른 제자들이 증삼에게 물었다.

"선생님께서 무슨 말씀을 하신 건가."

증삼은 이렇게 말했다.

"선생님의 도는 충(忠)과 서(恕)일 뿐이네."

충은 성실로 자기 마음을 다하는 것으로 풀이될 수 있고 서는 자기 마음을 미루어 남의 마음을 이해하는 것으로 자애나 배려쯤이 됨직하다. 충과 서는 결국 인으로 통일된다. 성실하게 살면서 남을 배려하고 자애를 베풂이 공자의 최고 가치인 인(仁)에 도달하는 삶의 방식이라는 것이다.

한 일	한일 部, 1획, 한자능력검정 8급	一		
一	一			
一				

써 이	사람인 部, 5획, 한자능력검정 5급	以		
以	ㅣ ㄴ ㄴ 以 以			
以				

뚫을 관	조개패 部, 11획, 한자능력검정 준3급	貫		
貫	ㄴ 口 毌 毌 毌 貫 貫 貫 貫 貫 貫			
貫				

갈 지	삐침별 部, 4획, 한자능력검정 준3급	之		
之	ㅣ ㄴ ㄴ 之			
之				

一	以	貫	之	一	以	貫	之

一 場 春 夢

한 일 　 마당 장 　 봄 춘 　 꿈 몽

: 한바탕의 봄꿈처럼 헛된 부귀영화를 의미함.

고사성어 유래

소식은 송나라 때의 대문학가이다. 그의 부친 소순과 아우 소철도 모두 유명한 문장가로서 이들 세 부자는 당시 '8대 문학가'로 손꼽히고 있었다.

소식은 고전문학 말고도 시와 글씨, 그림에도 뛰어난 재주를 가졌다. 그러나 어렸을 때는 집안 형편이 어려웠고 더구나 10세 때 부친이 세상을 두루 구경하러 나선 뒤에는 모친이 집안 살림과 아들 형제의 교육도 도맡아 무척이나 고생을 했다. 다행히 소식은 머리가 총명하고 효성이 지극했다.

후에 과거에 차석으로 합격, 바로 진사가 되어 벼슬자리에 올랐다. 얼마 안 있어 재상 왕안석이 무리하게 법을 고치려 할 때 소식은 백성들을 가혹하게 다스리지 말라며 새 법을 반대하였다. 그러자 왕안석은 노발대발하며 소식의 벼슬을 빼앗아버리고는 멀리 쫓아버렸다.

이리하여 황주 땅에서 외롭게 지내게 된 소식은 어떤 언덕 동쪽에 오막살이집을 짓고 자신의 호를 동파(東坡)라 지었다. 동파란 동쪽 언덕이란 뜻이다. 그 뒤 다시 창화란 고을로 옮겨갔지만 소식은 가난한 중에서도 시를 지으며 살았다.

어느 날, 소식은 어깨에 술이 든 호리병을 걸치고 기분 좋게 취하여 콧노래를 부르면서 마을 밖을 거닐었다. 그때 앞에서 70세 가량의 한 노파가 오더니 소식을 유심히 바라보곤 혀를 차며 이렇게 말하는 것이었다.

"그토록 유명한 분이 왜 이렇게 되셨소? 전날의 부귀와 영화가 일장춘몽이로구료."

소식은 이 말을 듣고 껄껄 웃었다.

"할머니, 참으로 멋진 말씀을 하셨소."

옛날의 호강이 한낱 꿈만 같다는 이 말은 이런 연유에서 유래되었다.

한 일 一	한일 部, 1획, 한자능력검정 8급 一		一		
一					
마당 장 場	흙토 部, 12획, 한자능력검정 7급 一 十 土 圹 圹 坦 坦 坦 場 場 場 場		場		
場					
봄 춘 春	날일 部, 9획, 한자능력검정 7급 一 二 三 主 夫 未 春 春 春		春		
春					
꿈 몽 夢	저녁석 部, 14획, 한자능력검정 준3급 丶 卄 芍 芍 芍 芦 苗 苗 苗 苗 夢 夢 夢		夢		
夢					

一	場	春	夢	一	場	春	夢

自 暴 自 棄

스스로 **자**　　사나울 **포**　　스스로 **자**　　버릴 **기**

: 스스로 자신을 학대하고 돌보지 아니함.

　전국시대를 살다간 아성 맹자는 '자포' 와 '자기' 에 대해《맹자》〈이루편〉에서 이렇게 말했다.
　"자포(스스로를 학대)하는 사람과는 더불어 대화를 나눌 수가 없다. 자기(스스로를 버림)하는
사람과도 더불어 행동을 할 수가 없다. 입만 열면 예의 도덕을 헐뜯는 것을 자포라고 한다. 한편 도
덕의 가치를 인정하면서도 인(仁)이나 의(義)라는 것은 자기와는 무관한 것이라고 생각하는 것을
자기(自棄)라고 한다. 사람의 본성은 원래 선한 것이다. 그러므로 사람에게 있어서 도덕의 근본이
념인 '인' 은 편안한 집과 같은 것이며, 올바른 길인 '의' 는 정로(正路 : 正道)이다. 편안한 집을 비
운 채 들어가 살려 하지 않는 것과 올바른 길을 버린 채 그 길을 걸으려 하지 않는 것은 실로 개탄
할 일이로다."

스스로 자	스스로자 部, 6획, 한자능력검정 7급	自		
自	´ ſ ſ ſ 自 自			
自				
사나울 포	날일 部, 15획, 인·지명용 한자	暴		
暴	` 口 日 旦 星 昌 昇 昇 暴 暴 暴 暴 暴			
暴				
스스로 자	스스로자 部, 6획, 한자능력검정 7급	自		
自	´ ſ ſ ſ 自 自			
自				
버릴 기	나무목 部, 12획, 한자능력검정 3급	棄		
棄	` 亠 太 玄 云 弃 亲 杢 查 章 棄 棄			
棄				

自	暴	自	棄	自	暴	自	棄

長 夜 之 歓

길 장 　 밤 야 　 갈 지 　 마실 음

: 밤과 낮을 가리지 않고 계속되는 극히 호사스럽고 방
탕한 주연(酒宴)을 일컫는 말.

고사성어 유래

　은나라 마지막 군주인 주의 마음을 사로잡은 달기는 주왕이 정벌한 오랑캐의 유소씨국에서 공물로 보내 온 희대의 독부였다. 주왕은 그녀의 끝없는 욕망을 만족시키기 위해 가렴주구를 일삼았다. 그래서 창고에는 백성들로부터 수탈한 금전과 베 그리고 곡식이 산처럼 쌓였고, 국내의 온갖 진귀한 물건은 속속 궁중으로 징발되었다. 또 국력을 기울여 호화찬란한 궁정을 짓고 미주와 포육으로 '주지육림'을 만들었다.

　그 못 둘레에서 실오라기 하나 걸치지 않은 젊은 남녀의 한 무리가 음란한 북리무악(北里舞樂)에 맞추어 자신을 잊어버릴 정도로 광란의 춤을 추었다. 또 때로는 낮에도 장막을 드리운 방에서 촛불을 밝히고 벌이는 광연이 120일간이나 계속되기도 했는데 은나라 사람들은 이를 장야지음(長夜之飮)이라 일컬었다.

　이같이 올바른 길을 벗어난 행동을 보다 못해 충신들이 간하면 주왕은 도리어 그들을 제왕의 행동을 비방하는 불충자로 몰아 가차 없이 포락지형에 처하곤 했다. 포락지형이란 기름칠한 구리 기둥을 숯불 위에 걸쳐놓고 죄인을 그 위로 건너가게 하는 일종의 잔인한 사형 방법인데, 미끄러운 구리 기둥에서 숯불 속으로 떨어져 타 죽은 희생자들의 아비규환의 모습까지도 잔인한 달기의 음욕(淫慾)을 돋우는 재료가 되었다. 이렇듯 폭군 음주로 악명을 떨치던 주왕도 결국 걸왕의 전철을 밟아 주나라 시조 인 무왕에게 멸망하고 말았다.

길 장	길장 部, 8획, 한자능력검정 8급				長		
長	ᅳ Ｆ Ｆ Ｅ Ｅ 틑 틑 長						
長							
밤 야	저녁석 部, 8획, 한자능력검정 6급				夜		
夜	丶 一 广 广 疒 夜 夜 夜						
夜							
갈 지	삐침별 部, 4획, 한자능력검정 준3급				之		
之	丶 亠 ﾅ 之						
之							
마실 음	밥식 部, 13획, 한자능력검정 6급				歙		
歙	ノ 丿 亇 乒 乑 弇 弇 弇 弇 弇 弇 歙 歙						
歙							

長	夜	之	歙	長	夜	之	歙

戰 戰 兢 兢

싸움 전   싸움 전   떨릴 긍   떨릴 긍

: 두려워서 벌벌 떨며 조심하는 모양.

고사성어 유래

전전(戰戰)이란 몹시 두려워서 벌벌 떠는 모양이고, 긍긍(兢兢)이란 몸을 움추리고 조심하는 모양을 말한다. 이 말은 중국 최고의 시집인《시경》〈소아편〉의 「소민」이라는 시의 마지막 구절에 나온다. 그 시의 내용은 모신(謀臣)이 군주의 측근에 있으면서 옛 법을 무시한 정치를 하고 있음을 개탄한 것으로 다음과 같다.

불감포호 (不敢暴虎) 감히 맨손으로 범을 잡지 못하고
불감빙하 (不敢憑河) 감히 걸어서 강을 건너지 못한다.
인지기일 (人知其一) 사람들은 그 하나는 알고 있지만
막지기탄 (莫知其他) 그 밖의 것은 전혀 알지 못하네.
전전긍긍 (戰戰兢兢) 두려워서 벌벌 떨며 조심하기를
여림심연 (如臨深淵) 마치 깊은 연못에 임하듯 하고
여리박빙 (如履薄氷) 살얼음을 밟고 가듯 하네.

또《논어》의 〈태백편〉에 보면, 증자가 병이 심해지자 제자들을 불러서 말했다.
"내 발을 펴고, 내 손을 펴라.《시경》에 이르기를 '매우 두려운 듯이 조심하고, 깊은 연못에 임한 것 같이 하고, 얇은 얼음을 밟는 것 같이 하라' 고 했다. 지금 이후로 나는 그것을 면함을 알겠구나, 제자들아."

싸움 전	창과 部, 16획, 한자능력검정 6급	戰		
戰	`丶 丶 ` ` ` ` ` ` 罒 罒 罒 單` 單 單 戰 戰 戰			
戰				
싸움 전	창과 部, 16획, 한자능력검정 6급	戰		
戰	`丶 丶 ` ` ` ` ` ` 罒 罒 罒 單` 單 單 戰 戰 戰			
戰				
떨릴 긍	어진사람인발 部, 14획, 한자능력검정 2급	兢		
兢	`一 十 十 古 古 克 克 克 克 克 克` 兢 兢 兢			
兢				
떨릴 긍	어진사람인발 部, 14획, 한자능력검정 2급	兢		
兢	`一 十 十 古 古 克 克 克 克 克 克` 兢 兢 兢			
兢				

戰	戰	兢	兢	戰	戰	兢	兢

切 磋 琢 磨

끊을 절　　탄식할 차　　쫄 탁　　갈 마

: 학문이나 기예를 힘껏 갈고 닦음을 비유.

언변과 재기가 뛰어난 자공이 어느 날 스승인 공자에게 이렇게 물었다.

"선생님, 가난하더라도 남에게 아첨하지 않으며 부자가 되더라도 교만하지 않은 사람이 있다면 그건 어떤 사람일까요?"

"좋긴 하지만 가난하면서도 도를 즐기고, 부자가 되더라도 예를 좋아하는 사람만은 못하느니라."

공자의 대답에 이어 자공은 또 이렇게 물었다.

"《시경》에 '선명하고 아름다운 군자는 뼈나 상아를 잘라서 줄로 간 것처럼, 또한 옥이나 돌을 쪼아서 모래로 닦은 것처럼 밝게 빛나는 것 같다' 고 나와 있는데 이는 선생님이 말씀하신 '수양에 수양을 쌓아야 한다' 는 것을 말한 것일까요?"

"사(자공의 이름)야, 이제 너와 함께 《시경》을 말할 수 있게 되었구나. 과거의 것을 알려주면 미래의 것을 안다고 했듯이, 너야말로 하나를 듣고 둘을 알 수 있는 인물이로구나."

끊을 절	칼도 部, 4획, 한자능력검정 5급	切		
切	ー せ 切切			
切				
탄식할 차	돌석 部, 15획, 상용한자	磋		
磋	一 ア 不 石 石 石 石 石 石 磋 磋 磋 磋 磋			
磋				
쫄 탁	구슬옥변 部, 12획, 한자능력검정 준2급	琢		
琢	一 二 于 王 王 王 玗 玎 珢 琢 琢 琢			
琢				
갈 마	돌석 部, 16획, 한자능력검정 준3급	磨		
磨	丶 亠 广 广 广 疒 庀 庀 麻 麻 麻 麻 麻 磨 磨 磨 磨			
磨				

切	磋	琢	磨	切	磋	琢	磨

井 中 之 蛙

우물 정　　가운데 중　　갈 지　　개구리 와

: 우물 안 개구리라는 뜻으로 식견이 좁음의 비유한 말.

고사성어 유래

왕망이 전한을 멸하고 세운 신나라 말경, 마원(馬援)이란 인재가 있었다. 그는 관리가 된 세 형과는 달리 고향에서 조상의 묘를 지키다가 농서에 웅거하는 외효의 부하가 되었다.

그 무렵, 공손술(公孫述)은 촉 땅에 성나라를 세우고 분수에 넘치게 스스로를 임금이라 칭하며 세력을 키우고 있었다. 외효는 그가 어떤 인물인지 알아보기 위해 마원을 보냈다. 마원은 고향 친구인 공순술이 반가이 맞아 주리라 믿고 즐거운 마음으로 그를 찾아갔다. 그러나 공손술은 계단 아래에 무장한 군사들을 도열시켜 놓고 위압적인 자세로 마원을 맞았다. 그리고 거드름을 피우며 말했다.

"옛 우정을 생각해서 자네를 장군에 임명할까 하는데, 어떤가?"

마원은 잠시 생각해 보았다.

'천하의 자웅(雌雄)은 아직 결정되지 않았는데 공손술은 예를 다하여 천하의 인재를 맞으려 하지 않고 허세만 부리고 있구나. 이런 자가 어찌 천하를 도모할 수 있겠는가.'

마원은 서둘러 돌아와서 외효에게 고했다.

"공손술은 좁은 촉 땅에서 으스대는 재주밖에 없는 '우물 안 개구리' 였습니다."

그래서 외효는 공손술과 손잡을 생각을 버리고 훗날 후한의 시조가 된 광무제와 수교하게 되었다.

우물 정	두이 部, 4획, 한자능력검정 준3급	井		
井	一 二 井 井			
井				

가운데 중	뚫을곤 部, 4획, 한자능력검정 8급	中		
中	丶 口 口 中			
中				

갈 지	삐침 部, 4획, 한자능력검정 준3급	之		
之	丶 ㇇ ㇇ 之			
之				

개구리 와	벌레충 部, 12획, 상용한자	蛙		
蛙	丶 口 口 中 虫 虫 虫 虼 虻 蚌 蛙 蛙			
蛙				

井	中	之	蛙	井	中	之	蛙

糟 糠 之 妻

술재강 조　　겨 강　　　갈 지　　　아내 처

: 술재강과 겨로 끼니를 이을 만큼 힘겨울 때 함께 고생
하던 아내를 의미함.

고사성어 유래

전한을 찬탈한 왕망을 멸하고 유씨 천하를 재흥한 후한 광무제 때의 일이다. 건원(建元) 2년, 당시 감찰을 맡아보던 대사공 송홍은 온후한 사람이었으나 간할 정도로 강직한 인물이기도 했다.

어느 날, 광무제는 미망인이 된 누나인 호양공주를 불러 신하 중 누구를 마음에 두고 있는지 그 의중을 떠보았다. 그 결과 호양공주는 당당한 풍채와 덕성을 지닌 송홍에게 호감을 갖고 있다는 것을 알았다. 그 후 광무제는 호양공주를 병풍 뒤에 앉혀 놓고 송홍과 이런저런 이야기를 나누던 끝에 이런 질문을 했다.

"흔히들 고귀해지면 (천할 때의) 친구를 바꾸고, 부유해지면 (가난할 때의) 아내를 버린다고 하던데 인지상정 아니겠소?"

그러자 송홍은 이렇게 대답했다.

"폐하, 황공하오나 신은 '가난하고 천할 때의 친구는 잊지 말아야 하며, 술재강과 겨로 끼니를 이을 만큼 힘겨울 때 함께 고생하던 아내는 버리지 말아야 한다'고 들었사온데 이것은 사람의 도리라고 생각되나이다."

이에 광무제와 호양공주는 송홍의 뜻을 높이 평가했다.

술재강 조	쌀미 部, 17획, 한자능력검정 1급	糟		
糟	丶 丶 丷 ゛ 半 米 米 米 粃 糒 糟 糟 糟 糟 糟 糟 糟 糟			
糟				
겨 강	쌀미 部, 17획, 한자능력검정 1급	糠		
糠	丶 丶 丷 ゛ 半 米 米 米 粃 糠 糠 糠 糠 糠 糠 糠 糠 糠			
糠				
갈 지	삐침별 部, 4획, 한자능력검정 준3급	之		
之	丶 ㇏ ㇇ 之			
之				
아내 처	계집녀 部, 8획, 한자능력검정 준3급	妻		
妻	一 ㇕ ㇒ 卦 妻 卦 妻 妻			
妻				

糟	糠	之	妻	糟	糠	之	妻

朝 名 市 利

아침 조 　　 이름 명 　　 저자 시 　　 이로울 리

: 명성은 조정에서 다투고 이익은 저자(市場)에서 다투라
는 뜻으로 무슨 일이든 적당한 장소에서 행하라는 말.

진나라 혜문왕 때의 일이다. 중신 사마조는 어전에서 '촉의 오랑캐를 정벌하면 국토도 넓어지고 백성들의 재물도 쌓일 것이므로, 이야말로 일거양득' 이라며 촉으로의 출병을 주장했다. 그러나 종횡가 출신의 재상인 장의는 그와는 달리 혜문왕에게 이렇게 진언했다.

"진나라는 우선 위와 초, 두 나라와 우호 관계를 맺고, 한나라의 삼천 지방으로 출병한 후 천하의 종실인 주나라의 외곽을 위협하면, 주나라는 스스로 구정[천자를 상징하는 보물을 지키기 어렵다는 것을 알고 반드시 그 보물을 내놓을 것이옵니다. 그때 천자를 끼고 천하에 호령하면 누가 감히 복종하지 않겠나이까? 이것이 패업이라는 것이옵니다. 그까짓 변경의 촉을 정벌해 봤자 군사와 백성을 피폐하게 할 뿐 무슨 이득이 있겠나이까? 신이 듣기로는 '명성은 조정에서 다투고 이익은 저자에서 다툰다' 고 하옵니다. 지금 삼천 지방은 천하의 저자이옵고 주나라 황실은 천하의 조정이옵니다. 그런데도 전하께서는 이것을 다투려 하지 않고 하찮은 촉을 오랑캐를 다투려 하시옵니다. 혹, 패업을 멀리하시려는 것은 아니옵나이까?'

그러나 혜문왕은 사마조의 진언에 따라 촉의 오랑캐를 정벌하고 국토를 넓히는 데 주력했다.

아침 조 朝	달월 部, 12획, 한자능력검정 6급	朝		
	一 十 サ 古 古 查 直 卓 朝 朝 朝 朝			
朝				

이름 명 名	입구 部, 6획, 한자능력검정 7급	名		
	ノ ク タ ダ 名 名			
名				

저자 시 市	수건건 部, 5획, 한자능력검정 7급	市		
	、 一 广 方 市			
市				

이로울 리 利	선칼도방 部, 7획, 한자능력검정 6급	利		
	ノ 二 千 禾 禾 利 利			
利				

朝	名	市	利	朝	名	市	利

朝 三 暮 四

아침 조　　　석 삼　　　저물 모　　　넉 사

: 아침에 세 개, 저녁에 네 개라는 뜻으로, 당장 눈앞의 차이만을 알고 그 결과가 같음을 모르는 경우를 빗대는 말.

고사성어 유래

　　송나라에 저공이라는 사람이 있었다. 여기서 '저' 란 원숭이를 뜻한다. 그 이름이 말해주듯이 저공은 많은 원숭이를 기르고 있었는데 그는 가족의 양식까지 퍼다가 먹일 정도로 원숭이를 좋아했다. 그래서 원숭이들은 저공을 따랐고 마음까지 알았다고 한다.

　　그런데 워낙 많은 원숭이를 기르다 보니 먹이를 대는 일이 날로 어려워졌다. 그래서 저공은 원숭이에게 나누어 줄 먹이를 줄이기로 했다. 그러나 먹이를 줄이면 원숭이들이 자기를 싫어할 것 같아 그는 우선 원숭이들에게 이렇게 말했다.

　　"너희들에게 나누어 주는 도토리를 앞으로는 '아침에 세 개, 저녁에 네 개' 씩 줄 생각인데 어때?"

　　그러자 원숭이들은 하나같이 화를 냈다. '아침에 도토리 세 개로는 배가 고프다' 는 불만임을 안 저공은 이번에는 이렇게 말했다.

　　"그럼, 아침에 네 개, 저녁에 세 개씩 주마."

　　그러자 원숭이들은 모두 기뻐했다고 한다.

아침 조	달월 部, 12획, 한자능력검정 6급					朝		
朝	一 十 十 古 古 古 直 卓 軺 朝 朝 朝							
朝								
석 삼	한일 部, 3획, 한자능력검정 8급					三		
三	一 二 三							
三								
저물 모	날일 部, 15획, 한자능력검정 3급					暮		
暮	丶 十 艹 芒 芒 苔 苔 苗 莒 莫 莫 莫 莫 幕 暮							
暮								
넉 사	큰입구몸 部, 5획, 한자능력검정 8급					四		
四	丨 冂 冂 四 四							
四								

朝	三	暮	四	朝	三	暮	四

竹 馬 故 友

대나무 **죽**　말 **마**　연고 **고**　벗 **우**

: 어릴 때 같이 놀던 친한 친구를 뜻함.

고사성어 유래

　진나라 12대 황제인 간문제 때의 일이다. 촉 땅을 평정하고 돌아온 환온의 세력이 날로 커지자 간문제는 환온을 견제하기 위해 은호라는 은사를 건무장군 양주자사로 임명했다. 그는 환온의 어릴 때 친구로서 학식과 재능이 뛰어난 인재였다. 은호가 벼슬길에 나아가는 그날부터 두 사람은 정적이 되어 반목했다. 왕희지는 이 둘을 화해시키려고 하였지만 은호가 듣지 않았다.

　그 무렵, 오호 십육국 중 하나인 후조의 왕석계룡이 죽고 호족 사이에 내분이 일어나자 진나라에서는 이 기회에 중원 땅을 회복하기 위해 은호를 중원장군에 임명했다. 은호는 군사를 이끌고 출병했으나 도중에 말에서 떨어져 제대로 싸우지도 못하고 결국 대패하고 돌아왔다. 환온은 기다렸다는 듯이 은호를 규탄하는 상소를 올려 그를 변방으로 귀양 보내고 말았다. 그리고 환온은 사람들에게 이렇게 말했다.

　"은호는 나와 어릴 때 같이 죽마를 타고 놀던 친구였지만 내가 죽마를 버리면 은호가 늘 가져가곤 했지. 그러니 그가 내 밑에서 머리를 숙여야 하는 것은 당연한 일이 아닌가."

　환온이 끝까지 용서해 주지 않음으로 해서 은호는 결국 변방의 귀양지에서 생애를 마쳤다고 한다.

대나무 죽	대죽 部, 6획, 한자능력검정 준4급	竹		
竹	ノ ノ ケ ケ ケ 竹			
竹				
말 마	말마 部, 10획, 한자능력검정 5급	馬		
馬	丨 厂 厂 厂 厍 馬 馬 馬 馬 馬			
馬				
연고 고	둥글원문 部, 9획, 한자능력검정 준4급	故		
故	一 十 十 古 古 吉 故 故 故			
故				
벗 우	또우 部, 4획, 한자능력검정 5급	友		
友	ノ ナ 方 友			
友				

竹	馬	故	友	竹	馬	故	友

衆 寡 不 敵

무리 중   적을 과   아니 불   원수 적

: 적은 수효가 많은 수효를 대적하지 못한다는 것을 뜻함.

고사성어 유래

전국시대, 제국을 순방하며 왕도론을 역설하던 맹자가 제나라 선왕에게 말했다.

"전하, 스스로는 방일한 생활을 하시면서 나라를 강하게 만들고 천하의 패권을 잡으려 드시는 것은 그야말로 '나무에 올라 물고기를 구하는 것'과 같사옵니다."

"아니, 과인의 행동이 그토록 나쁘단 말이오?"

"가령, 지금 소국인 추나라와 대국인 초나라가 싸운다면 어느 쪽이 이기겠나이까?'

"그야 물론, 초나라가 이길 것이오."

"그렇다면 소국은 결코 대국을 이길 수 없고 소수는 다수를 대적하지 못하며, 약자는 강자에게 패하기 마련이옵니다. 지금 천하에는 1000리 사방의 나라가 아홉 개 있사온데, 제나라도 그 중 하나이옵니다. 한 나라가 여덟 나라를 굴복시키려 하는 것은 결국 소국인 추나라가 대국인 초나라를 이기려 하는 것과 같지 않사옵니까?'

이렇게 몰아세운 다음 맹자는 예의 왕도론을 설파했다.

"왕으로서 백성을 열복시킨다면 그들은 모두 전하의 덕에 기꺼이 굴복할 것이오며 또한 천하는 전하의 뜻에 따라 움직이게 될 것이옵니다."

무리 중	피혈 部, 12획, 한자능력검정 준4급	衆		
衆	ノ ィ ク ケ 血 血 血			
	乑 乑 乑 乑 衆			
衆				

적을 과	갓머리 部, 14획, 한자능력검정 준3급	寡		
寡	ヽ ゛ 宀 宀 宀 宀 宁 宔 宣 寘			
	寘 寡 寡			
寡				

아니 불	한일 部, 4획, 인·지명용 한자	不		
不	一 丆 才 不			
不				

원수 적	등글월문 部, 15획, 한자능력검정 준4급	敵		
敵	ヽ 一 十 廿 产 产 肖 南 商 商			
	啇 啇 敵 敵			
敵				

衆	寡	不	敵	衆	寡	不	敵

創業守成

비롯할 **창**　업업　지킬 **수**　이룰 **성**

: 일을 시작하기는 쉬우나 이룬 것을 지키기는 어렵다는
의미.

고사성어 유래

　　수나라 말의 혼란기에 이세민은 아버지인 이연과 함께 군사를 일으켜 관중을 장악했다. 이듬해 2세 양제가 암살되자 이세민은 양제의 손자인 3세 공제를 폐하고 당나라를 창업했다.

　　626년 고조 이연에 이어 제위에 오른 2세 태종 이세민은 우선 사치를 경계하고, 천하 통일을 완수하였으며 외정을 통해 국토를 넓혔다. 뿐만 아니라 제도적으로 민생 안정을 꾀하고, 널리 인재를 등용하는 등 학문 문화 창달에 힘씀으로써 후세 군왕이 치세의 본보기로 삼는 성세(盛世)를 이룩했다. 이 성세를 일컬어 '정관의 치'라고 한다. '정관의 치'가 태어날 수 있었던 것은 결단력이 뛰어난 좌 복야 두여회, 기획력이 빼어난 우 복야 방현령, 강직한 대부 위징 등과 같은 많은 현신들이 선정에 힘쓰는 태종을 잘 보필했기 때문이다.

　　어느 날, 태종은 이들 현신이 모인 자리에서 이런 질문을 했다.

　　"창업과 수성은 어느 쪽이 어렵소?"

　　방현령이 대답했다.

　　"창업은 우후죽순(雨後竹筍)처럼 일어난 군웅 가운데 최후의 승리자만이 할 수 있는 것인 만큼, 창업이 어려운 줄로 아나이다."

　　그러나 위징의 대답은 달랐다.

　　"예로부터 임금의 자리는 간난(艱難) 속에서 어렵게 얻어, 안일(安逸) 속에서 쉽게 잃는 법이옵니다. 그런 만큼 수성이 어려운 것으로 사료되옵니다."

　　그러자 태종이 말했다.

　　"방공은 짐과 더불어 천하를 얻고, 구사일생(九死一生)으로 살아났소. 그래서 창업이 어렵다고 말한 것이오. 그리고 위공은 짐과 함께 국태민안(國泰民安)을 위해 항상 부귀에서 싹트는 교만하고 사치스러움의 방심에서 오는 화란을 두려워하고 있소. 그래서 수성이 어렵다고 말한 것이오. 그러나 이제 창업의 어려움은 끝났소. 그래서 짐은 앞으로 제공과 함께 수성에 힘쓸까 하오."

비롯할 창	선칼도방 部, 12획, 한자능력검정 준4급	創		
創	ノ ㇏ ㇏ ㇒ 牟 牟 牟 食 倉 倉 倉 創			
創				

업 업	나무목 部, 13획, 한자능력검정 6급	業		
業	丨 丨丨 丬 业 业 业 业 堂 堂 業 業			
業				

지킬 수	갓머리 部, 6획, 한자능력검정 준4급	守		
守	丶 ㇑ 宀 宀 守 守			
守				

이룰 성	창과 部, 7획, 한자능력검정 6급	成		
成	ノ ㇆ ㇀ 万 成 成 成			
成				

創	業	守	成	創	業	守	成

滄 海 遺 珠

푸를 창　　　바다 해　　　끼칠 유　　　구슬 주

: 세상에 알려지지 않고 묻혀 있는 빼어난 인물을 비유
한 말.

고사성어 유래

　당나라 때의 명신인 적인걸은 정주(井州) 태원(太原) 사람이었다. 그는 어렸을 때부터 남들과
다른 점이 있었다.

　어느 날 한 문객이 피살되자, 관청에서 그의 마을로 조사를 나왔다. 사람들은 앞다투어 자신들
의 결백을 주장했지만, 유독 적인걸만은 원래의 자리에서 큰 소리로 책을 읽고 있었다. 관리들이
몹시 불쾌해 하며, 그에게로 다가가 꾸짖자, 적인걸은 이렇게 대답하였다.

　"난 지금 책 속의 성현들과 대화를 하고 있는데, 속된 관리들과 이야기를 나눌 시간이 어디 있겠
는가?"

　그리고 인걸이 처음 벼슬을 하였을 때의 일이다. 변주(卞州) 참군(參軍)직을 맡고 있던 그는 사
람들에게 모함을 받고 조사를 받게 되었다. 조사를 맡은 염립본이라는 관리는 그와 상대하며 인걸
의 재능이 보통 사람과는 다르다고 여기어 그를 칭찬하였다.

　"그대는 푸른 바다에 버려진 구슬과 같다 할 수 있소."

　이에 염립본은 그를 천거하여 병주의 법조참군이 되게 하였다

푸를 창	삼수변 部, 13획, 한자능력검정 2급	滄		
滄	`丶丶氵氵氵氵氵氵氵氵氵 滄滄`			
滄				
바다 해	삼수변 部, 10획, 한자능력검정 7급	海		
海	`丶丶氵氵氵氵海海海海`			
海				
끼칠 유	책받침 部, 16획, 한자능력검정 4급	遺		
遺	`丶口口中虫虫串串串串貴 貴貴潰潰遺`			
遺				
구슬 주	구슬옥변 部, 10획, 한자능력검정 준3급	珠		
珠	`一二T王王珍珠珠珠`			
珠				

滄	海	遺	珠	滄	海	遺	珠

天 高 馬 肥

하늘 **천**   높을 **고**   말 **마**   살찔 **비**

: 하늘이 높고 말이 살찐다는 뜻으로, 가을을 말할 때 쓰이는 말로 활동하기 좋은 계절을 이르는 비유한 말.

고사성어 유래

은나라 초기에 중국 북방에서 일어난 흉노는 주, 진, 한의 삼왕조를 거쳐 육조에 이르는 근 2000년 동안 북방 변경의 농경지대를 끊임없이 침범하고 약탈해 온 표한한 유목 민족이었다.

그래서 고대 중국의 군주들은 흉노의 침입을 막기 위해 늘 고심했는데 전국시대에는 연, 조, 진나라의 북방 변경에 성벽을 쌓았고, 천하를 통일한 진시황은 기존의 성벽을 수축하는 한편 증축, 연결하여 만리장성을 완성하기도 하였다.

그러나 흉노의 침입은 끊이지 않았다. 북방의 초원에서 방목한 수렵으로 살아가는 흉노에게는 우선 초원이 얼어붙는 긴 겨울을 살아가야 할 양식이 필요했기 때문이다. 그래서 북방 변경의 중국인들은 '하늘이 높고 말이 살찌는' 가을만 되면 언제 흉오가 쳐들어올지 몰라 전전긍긍했다고 한다.

하늘 천 天 天	큰대 部, 4획, 한자능력검정 7급 一 二 チ 天	天		
높을 고 高 高	높을고 部, 10획, 한자능력검정 6급 丶 一 ナ 市 古 古 高 高 高 高	高		
말 마 馬 馬	말마 部, 10획, 한자능력검정 5급 丨 厂 厂 F 丿馬 馬 馬 馬 馬	馬		
살찔 비 肥 肥	육달월 部, 8획, 한자능력검정 준3급 丿 刀 月 月 月' 肥' 肥'' 肥	肥		

天	高	馬	肥	天	高	馬	肥

千 慮 一 失

일천 **천**　생각할 **려**　한 **일**　잃을 **실**

: 천 가지 생각 가운데 하나의 실수란 뜻으로 지혜로운 사람
도 생각을 많이 하다보면 하나쯤은 실수할 수도 있다는 뜻.

고사성어 유래

춘추시대의 사상가 열자의 문인들이 열자의 철학 사상을 기술한《열자》〈탕문편〉에 다음과 같은 우화가 실려있다.

한나라 고조의 명에 따라 대군을 이끌고 조나라로 쳐들어간 한신은 결전을 앞두고 적장인 이좌거를 사로잡는 장병에게는 천금을 주겠다고 공언했다. 지와 덕을 겸비한 그를 살리고 싶었기 때문이다. 결전 결과 조나라는 괴멸했고, 이좌거는 포로가 되어 한신 앞에 끌려 나왔다.

한신은 이좌거의 포박을 손수 풀어준 뒤 상석에 앉히고 주연을 베풀어 위로했다. 그리고 한나라의 천하통일에 마지막 걸림돌로 남아 있는 연(燕)·제(齊)에 대한 공략책을 물었다. 그러나 이좌거는 '패한 장수는 병법을 논하지 않는 법'이라며 입을 굳게 다물었다. 한신이 재삼 정중히 청하자 그는 이렇게 말했다.

"패장이 듣기로는 '지혜로운 사람이라도 많은 생각을 하다 보면 반드시 하나쯤은 실책이 있고' 어리석은 사람이라도 많은 생각을 하다보면 반드시 하나쯤은 득책이 있다고 했습니다. 그러니 패장의 생각 가운데 하나라도 득책이 있다면, 이만 다행이 없을까 합니다."

그 후 이좌거는 한신의 참모가 되어 크게 공헌했다고 한다.

일천 천	열십 部, 3획, 한자능력검정 7급	千		
千	´ 二 千			
千				
생각할 려	마음심 部, 15획, 한자능력검정 4급	慮		
慮	´ ⺊ ⺊ 广 广 虍 虍 虎 虐 虘 虘 慮 慮 慮			
慮				
한 일	한일 部, 1획, 한자능력검정 8급	一		
一	一			
一				
잃을 실	큰대 部, 5획, 한자능력검정 6급	失		
失	´ ⺊ ⺊ 失 失			
失				

千	慮	一	失	千	慮	一	失

天 生 緣 分

하늘 **천**　　날 **생**　　인연 **연**　　나눌 **분**

: 하늘이 마련하여 준 인연이라는 뜻.

고사성어 유래

　옛날, 과거 시험을 준비하던 서생이 좋아하는 여인의 마음을 사로잡으려 그녀를 찾아갔다. 그녀는 서생이 과거에 합격하기를 기다리겠다고 하며 그를 돌려보냈다. 이에 서생은 서울로 올라와 열심히 공부하였다. 어느 날, 서생을 기다리던 여인은 비단에 편지를 써 연못에 던졌다. 그러자 물고기가 그것을 삼키고 사라졌다.

　며칠 뒤 서생이 시장에서 물고기 한 마리를 사와 배를 가르게 되었다. 그 과정에서 서생은 깜짝 놀랄 수밖에 없었다. 그 속에는 그리워하던 여인의 편지가 들어 있었다. 곧 서생은 처녀의 집으로 찾아가 그녀의 집안 식구들에게 그 편지를 보여주었다. 여인의 부모는 '미물인 물고기마저 두 사람을 맺어 주려고 하였으니, 서생과 자신의 딸은 하늘이 내려준 인연이므로 사람의 힘으로는 어쩔 도리가 없다' 고 하면서 혼인식을 올려주었다.

하늘 천	큰대 部, 4획, 한자능력검정 7급			天		
天	一 二 チ 天					
天						
날 생	날생 部, 5획, 한자능력검정 8급			生		
生	ノ ㇏ 눈 牛 生					
生						
인연 연	실사 部, 15획, 한자능력검정 4급			緣		
緣	ㄥ ㄠ ㄠ ㄠ 糸 糸 糸 糸 糸 紀 糹 紵 絡 絲 緣 緣 緣					
緣						
나눌 분	칼도 部, 4획, 한자능력검정 6급			分		
分	ノ 八 分 分					
分						

天	生	緣	分	天	生	緣	分

千 載 一 遇

일천 **천**　　　실을 **재**　　　한 **일**　　　만날 **우**

: 천 년에 한 번 만날 수 있는 기회라는 뜻으로, 좀처럼
만나기 어려운 기회를 이르는 말.

고사성어 유래

　　동진의 학자로서 동양수를 역임한 원굉은 여러 문집에 시문 300여 편을 남겼다. 그 중 특히 유명한 것은 《문선》에 수록된 〈삼국 명신서찬〉이다.

　　이것은 《삼국지》에 실려 있는 건국 명신 20명에 대한 행장기인데, 그중 위나라의 순문약을 찬양한 글에서 원굉은 '대저 백락을 만나지 못하면 천 년이 지나도 천리마 한 필 찾아내지 못한다' 며 현군과 명신의 만남이 결코 쉽지 않다는 것을 비유적으로 적고 이러한 말을 남겼다.

　　"대저 만 년에 한 번의 기회는 이 세상의 통칙이며 천 년에 한 번의 만남은 현자와 지자의 기쁜 모임이다."

일천 천	열십 部, 3획, 한자능력검정 7급	千		
千	´ ´ 千			
千				
실을 재	수레거 部, 13획, 한자능력검정 준3급	載		
載	一 十 土 吉 吉 吉 吉 吉 壹 車 載 載 載			
載				
한 일	한일 部, 1획, 한자능력검정 8급	一		
一	一			
一				
만날 우	책받침 部, 13획, 한자능력검정 4급	遇		
遇	` ㄇ 曰 曰 禺 禺 禺 禺 禺 遇 遇 遇			

千	載	一	遇	千	載	一	遇

靑 出 於 藍

푸를 **청** 날 **출** 어조사 **어** 쪽 **람**

: 쪽빛(남색)에서 나온 푸른빛이 쪽빛보다 더 푸르다는 뜻으로 제자가 스승보다 더 뛰어남을 비유한 말.

고사성어 유래

이 말은 중국 순자의 〈권학편〉 첫머리에 나온다.

"배움은 중단해서는 아니 되고, 푸른 물감은 쪽에서 나왔지만 쪽보다 더 푸르고, 얼음은 물로 이루어진 것이지만 물보다 차다."

사람에게 비유하여 학문과 인품의 견지에서, 제자가 스승보다 낫다는 뜻인데, 환언하면 스승이 제자보다 못하다는 의미도 된다.

푸를 청	푸를청 部, 8획, 한자능력검정 8급	青		
青	一 二 丰 丰 主 主 青 青 青			
青				
날 출	위튼입구 部, 5획, 한자능력검정 7급	出		
出	丨 屮 屮 出 出			
出				
어조사 어	모방 部, 8획, 한자능력검정 3급	於		
於	丶 二 方 方 扩 扩 於			
於				
쪽 람	초두머리 部, 18획, 한자능력검정 2급	藍		
藍	一 艹 艹 菩 菩 菩 菩 菩 菩 菩 藍 藍 藍 藍 藍 藍 藍 藍			
藍				

青	出	於	藍	青	出	於	藍

焦 眉 之 急

그을릴 **초**　눈썹 **미**　어조사 **지**　급할 **급**

: 눈썹이 타게 될 만큼 위급한 상태란 뜻으로, 그대로 방치할 수 없는 매우 다급한 일이나 경우를 비유한 말.

고사성어 유래

이 말은 송나라 승려 보제의 《오등회원》에 나오는 말이다.

금릉 즉, 지금의 난징에 있는 장산의 불혜선사는 당대의 어느 고승보다 뛰어나다는 평을 받았다. 그러한 그가 말년에 왕명을 받고 대상국 지해선사라는 절에 주지로 임명되었다.

그러자, 그는 중들에게 이렇게 물었다.

"내가 왕명을 받들어 주지로 가는 것이 옳겠느냐, 아니면 그냥 이곳에 있는 것이 옳겠느냐?"

즉, 수도를 할 것인지 출세를 도모할 것인지를 묻는 것이다. 대답하는 사람이 아무도 없자, 불혜선사는 붓을 들어 명리(名利)를 초탈한 경지를 부처의 공덕으로 가르침을 찬탄하는 노래 글귀로 쓴 다음 앉은 채로 세상을 떠났다.

이 불혜선사가 살아 있을 때의 일이다.

어느 중으로부터 "선사님, 이 세상에서 가장 다급한 상태가 많을 것입니다만, 어느 경지가 가장 다급합니까?"라는 질문을 받았다.

이에 선사는 "불이 눈썹을 태우는 것이다"라고 대답했다.

그을릴 초 焦	연화발 部, 12획, 한자능력검정 2급 ノ 亻 亻 亻 仁 作 隹 隹 隹 隹 焦 焦 焦	焦
焦		
눈썹 미 眉	눈목 部, 9획, 한자능력검정 3급 フ ヮ ヮ 尸 尸 斤 斨 眉 眉	眉
眉		
어조사 지 之	삐침 部, 4획, 한자능력검정 준3급 丶 亠 ナ 之	之
之		
급할 급 急	마음심 部, 9획, 한자능력검정 6급 ノ ク ヶ ヶ 刍 刍 急 急 急	急
急		

焦	眉	之	急	焦	眉	之	急

寸 鐵 殺 人

마디 촌　　쇠 철　　죽일 살　　사람 인

: 한 치의 칼로 사람을 죽인다는 뜻으로, 간단한 경구로
  어떤 일이나 상대방의 급소를 찔러 당황시키거나 감동
  시키는 것을 비유한 말.

《학림옥로》라는 책은 남송 때의 나대경이 찾아오는 손님들과 주고받은 청담(淸談)을 시동(侍童)에게 기록하게 한 것으로 '하늘', '땅', '사람'의 세 부분 총 18권으로 구성된 책이다. 그중 '지부(地部)' 제 7권 〈살인수단〉에는 종고선사가 다음과 같이 선(禪)을 논하여 말했다.

비유하면 한 수레의 병기를 싣고서 하나를 희롱하여 마치면 또 다른 하나를 꺼내 가지고 와서 희롱함과 같지만, 이것이 곧 사람을 죽이는 수단은 아니다. 나는 곧 단지 촌철(寸鐵)이 있으므로, 문득 사람을 죽일 수 있다.

이것은 그가 선(禪)의 요체(要諦)를 갈파한 말이므로, 살인이라고 하지만 물론 칼날로 상처를 입히는 것을 뜻한 것이 아니라, '자기의 마음속의 속된 생각을 없애는 것'을 뜻한다. 아직 크게 깨달음에 이르지 못한 사람은 그 속된 생각을 끊어버리기 위하여 성급하게 이것저것 대답을 해 오겠지만, 정신의 집중이 부족하기 때문에 모두 날것들뿐이다. 그와 같은 칼로는 몇 천 몇 만 개나 되는 깨달음의 경지에 이르지 못한다. 모든 일에 온몸과 온 정성을 다 기울일 때, 충격적으로 번득이는 것, 이것이야말로 큰 깨달음인 것이다

마디 촌	마디촌 部, 3획, 한자능력검정 8급	寸		
寸	一 十 寸			
寸				
쇠 철	쇠금 部, 21획, 한자능력검정 5급	鐵		
鐵	ノ ノ ト ヒ 토 ﻟ 술 金 金 釒 釘 釭 鉊 鉄 鉄 鐃 鐼 鐟 錻 鐵 鐵			
鐵				
죽일 살	갖은등글월문 部, 11획, 한자능력검정 준4급	殺		
殺	ノ メ ゝ 千 千 禾 杀 杀 剎 殺 殺 殺			
殺				
사람 인	사람인 部, 2획, 한자능력검정 8급	人		
人	ノ 人			
人				

寸	鐵	殺	人	寸	鐵	殺	人

七 步 之 才

일곱 칠　　걸음 보　　어조사 지　　재주 재

: 일곱 걸음을 옮기는 사이에 시를 지을 수 있는 재주라
는 뜻으로, 아주 뛰어난 글 재주를 이르는 말.

고사성어 유래

《세설신언》의 〈문학편〉에 이러한 이야기가 실려있다.

삼국시대의 영웅이었던 위왕 조조는 무장 출신이었지만 건안 문학의 융성을 가져왔을 정도로 시문을 애호하여 우수한 작품을 많이 남겼다. 그 영향을 받아서인지 맏아들인 비와 셋째 아들인 식도 글재주가 출중했다. 특히 식의 시재(詩才)는 당대의 대가들로부터도 칭송이 자자했다. 그래서 식을 더욱 총애하게 된 조조는 한때 비를 제쳐놓고 식으로 하여금 자신의 뒤를 잇게 할 생각까지 했었다.

비는 어릴 때부터 식의 글재주를 늘 시기해 오던 차에 후사 문제까지 불리하게 돌아간 적도 있고 해서 식에 대한 증오심은 형용할 수 없을 정도로 깊었다. 조조가 죽은 뒤 위왕을 세습한 비는 후한(後漢)의 헌제를 폐하고 스스로 제위에 올라 문제(文帝)라 일컫고 국호를 위라고 했다.

어느 날, 문제는 동아왕으로 책봉된 조식을 불러 이렇게 하명했다.

"일곱 걸음을 옮기는 사이에 시를 짓도록 하라. 짓지 못할 땐 중벌을 면하지 못할 것이니라."

조식은 걸음을 옮기며 이렇게 읊었다.

"콩깍지를 태워 콩을 삶으니 가마솥 안에서 콩이 우는구나. 본디 한 뿌리에서 태어났건만 어찌하여 이다지도 급히 삶아 대는가."

이 고사에서 유래한 칠보지재는 '아주 뛰어난 글재주'를 이르는 말이다.

일곱 칠	한일 部, 2획, 한자능력검정 8급				七		
七	一 七						
七							
걸음 보	그칠지 部, 7획, 한자능력검정 준4급				步		
步	丨 ⺊ ⺊ ⺌ ⺌ 步						
步							
어조사 지	삐침 部, 4획, 한자능력검정 준3급				之		
之	丶 ⺀ ⺍ 之						
之							
재주 재	재방변 部, 3획, 한자능력검정 6급				才		
才	一 十 才						
才							

七	步	之	才	七	步	之	才

貪 天 之 功

탐할 **탐**　　하늘 **천**　　어조사 **지**　　공훈 **공**

: 하늘의 공을 탐낸다는 뜻으로 남의 공로도 자기 것으로 하는, 남의 공을 도용(盜用)함을 이르는 말.

고사성어 유래

춘추 시대 진나라 문공(文公)은 오랜 유랑 끝에 진나라의 원조로 귀국하여 즉위한 후 논공행상했다. 망명을 함께 한 자나 자금을 제공한 자에게는 토지를 내리고 정한 봉급이외에 일정한 액수를 더 주었으며, 귀국을 환영한 자 뿐만 아니라 일반인에게까지 상을 주어 모두가 기뻐했다.

문공은 행여 빠진 자가 있을까 염려해 해당자는 신고하라고 포고했다. 망명을 함께 한 개자추라는 충신이 빠져 있어서, 그 이웃 사람이 포고를 보고 개자추에게 고했다. 개자추는 문공이 귀국한 후에 병이 나서 집에 있었다. 그는 다른 사람이 자신의 공을 자랑하는 것을 불쾌하게 여겨 벼슬을 하려 하지 않고 모친을 모시며 살아갔다. 이웃 사람의 권유에 개자추가 웃으며 상대하지 않자, 그의 모친이 말했다.

"너는 굶주린 문공에게 자신의 허벅지 살을 베어 바칠 만큼의 공로가 있었는데, 왜?"

"뭘 바라고 충의를 다한 건 아니니까요."

이 말을 들은 이웃 사람은 기가 막혔다.

"신고만 하면 이런 가난은 면할 텐데."

"헌공(獻公)의 9공자 중 문공님은 가장 현명한 분이시니 오늘날의 즉위는 당연하다. 그런데 다들 그것을 모두 자신의 공로인 듯이 말하고 있다. 볼꼴 사나운 일이다. 군주에 대해 탐천지공을 다투는 것은 도둑질을 하는 것보다 더욱 수치스러운 행위다. 차라리 짚신을 삼는 편이 훨씬 즐겁다."

모친도 개자추의 마음을 알고 다음과 같이 말했다.

"차라리 산속으로 들어가지 않겠느냐?"

그날 밤 개자추는 지체 없이 어머니를 업고, 때마침 환하게 비치는 달빛에 의지하여 산으로 깊숙이 들어간 후로는 나오지 않았다. 그것을 안 문공은 개자추를 찾아 온 장안을 뒤져 그가 산속에 숨어 있는 것을 알고 나올 것을 권유했으나 말을 듣지 않자, 나오게 하기 위해 산까지 불태웠다. 개자추는 그래도 모습을 보이지 않더니 마침내 불에 타 죽었다. 문공은 슬피 여겨 개자추가 불에 타 죽은 날을 기억하여 제사를 지내고 그날만큼은 불을 사용하지 않고 찬 음식을 먹게 했다고 한다. 이것이 바로 한식의 유래다.

탐할 탐	조개패 部, 11획, 한자능력검정 3급				貪		
貪	ノ ㅅ ㅅ 今 今 含 貪 貪 貪 貪						
貪							
하늘 천	큰대 部, 4획, 한자능력검정 7급				天		
天	一 二 チ 天						
天							
어조사 지	삐침별 部, 4획, 한자능력검정 준3급				之		
之	丶 一 ナ 之						
之							
공훈 공	힘력 部, 5획, 한자능력검정 6급				功		
功	一 丁 工 功 功						
功							

貪	天	之	功	貪	天	之	功

破 釜 沈 船

깨뜨릴 **파**　　가마 **부**　　잠길 **침**　　배 **선**

: 결사의 각오로 싸움터에 나서거나 최후의 결단을 내림
을 비유하는 말.

고사성어 유래

　진나라가 말기 증세를 보이자 각지에서 반기를 들고 일어나는가 하면 제후들도 꿈틀거리기 시
작했다.

　초나라 때부터 장군의 전통을 이어온 항우와 그의 삼촌 항량도 반기를 들었다. 호응하는 사람들
로 세력을 크게 불린 항량과 항우는 곳곳에서 진나라 군대를 무찔렀다. 그러나 봉기군은 정도(定
陶)에서 진나라 장군 장한에게 크게 패해 봉기군 총수 항량도 목숨을 잃었다. 장한은 승세를 몰아
조나라의 수도였던 한단을 격파하고 조왕이 있는 거록(鉅鹿)을 포위했다.

　조왕의 구원 요청을 받은 초왕은 송의(宋義)를 상장, 항우를 차장으로 앉혀 조나라를 구원하게
했다. 송의는 군대를 안양까지 진격시키고는 40여일이나 움직이지 않았다. 물론 작전상 그렇게 했
지만 몇 번이나 진군을 재촉해도 송의가 듣지 않자 항우는 결국 송의의 목을 베어버렸다.

　상장이 된 항우는 전군을 이끌고 황하를 건넜다. 전군이 강을 건너자 항우는 '타고 온 배를 전부
가라앉히고 가마솥과 시루를 부수고' 진영을 불태운 뒤 사흘 분 군량의 미만을 지급함으로써 결사
적으로 싸울 것을 지시했다. 과연 전장병은 결사의 각오로 싸웠다.

　이 싸움에서 일당백의 용맹을 떨쳐 조왕을 구원하러 온 다른 제후들의 군사들은 그저 입을 딱
벌리고 구경만 할 수밖에 없었다. 싸움이 끝나자 제후의 장군들이 항우의 진영에 모였는데 모두
머리를 숙이고 무릎걸음으로 들어왔다고 한다. 이 싸움으로 반진(反秦)연합군 가운데서 항우는 절
대적인 지위를 차지하게 되었다.

깨뜨릴 파 破	돌석 部, 10획, 한자능력검정 준4급	破		
	一 丆 丆 石 石 矴 矿 砂 破 破			
破				

가마 부 釜	쇠금 部, 10획, 한자능력검정 2급	釜		
	丶 丷 父 父 全 李 李 釜 釜			
釜				

잠길 침 沈	삼수변 部, 7획, 한자능력검정 준3급	沈		
	丶 丶 氵 氵 沪 沙 沈			
沈				

배 선 船	배주 部, 11획, 한자능력검정 5급	船		
	丿 刀 月 月 月 舟 舟 舟 舡 船 船			
船				

破	釜	沈	船	破	釜	沈	船

破 竹 之 勢

깨뜨릴 **파**　　대나무 **죽**　　갈 **지**　　기세 **세**

: 대나무를 쪼개는 기세라는 뜻으로 맹렬한 기세로 세력
이 강대하여 적대하는 자가 없음을 비유.

고사성어 유래

　위나라의 권신 사마염은 원제(元帝)를 폐한 뒤 스스로 제위에 올라 무제라 일컫고, 국호를 진이
라고 했다. 이리하여 천하는 3국 중 유일하게 남아 있는 오나라와 진나라로 나뉘어 대립하게 되었
다. 이윽고 무제는 진남 대장군 두예에게 출병을 명했다.

　이듬해 2월, 무창을 점령한 두예는 휘하 장수들과 오나라를 일격에 공략할 마지막 작전 회의를
열었다. 이때 한 장수가 이렇게 건의했다.

　"지금 당장 오나라의 도읍을 치기는 어렵습니다. 이제 곧 잦은 봄비로 강물은 범람할 것이고, 또
언제 전염병이 발생할지 모르기 때문입니다. 그러니 일단 철군했다가 겨울에 다시 공격하는 것이
어떻겠습니까?"

　찬성하는 장수들도 많았으나 두예는 단호히 말했다.

　"그건 안 될 말이오. 지금 아군의 사기는 마치 대나무를 쪼개는 기세요, 대나무란 처음 두세 마
디만 쪼개면 그다음부터는 칼날이 닿기만 해도 저절로 쪼개지는 법인데, 어찌 이런 절호의 기회를
버린단 말이오."

　두예는 곧바로 휘하의 전군을 휘몰아 오나라의 도읍 건업으로 쇄도하여 단숨에 공략했다. 이어
오왕 손호가 항복함에 따라 마침내 진나라는 삼국시대에 종지부를 찍고 천하를 통일했다.

깨뜨릴 파 破	돌석 部, 10획, 한자능력검정 준4급	破		
	一 丁 丆 石 石 矼 矼 矷 砕 破			
破				

대나무 죽 竹	대죽 部, 6획, 한자능력검정 준4급	竹		
	ノ ト ＾ 竹 竹 竹			
竹				

어조사 지 之	삐침별 部, 4획, 한자능력검정 준3급	之		
	丶 亠 ｚ 之			
之				

기세 세 勢	힘력 部, 13획, 한자능력검정 준4급	勢		
	一 十 土 圥 夫 坴 幸 秇 執 執 執 勢 勢			
勢				

破	竹	之	勢	破	竹	之	勢

暴 虎 馮 河

사나울 **포**　　범 **호**　　업신여길 **빙**　　물 **하**

: 범을 맨손으로 때려잡고 황허강을 걸어서 건넌다는 뜻으로 죽음을 두려워하지 않는 무모한 용기를 비유하여 이르는 말.

고사성어 유래

이 말은 《논어》의 〈술이편〉에 나온다.

공자는 군자란 마음에 어떤 집착도 가지고 있지 않으며, 자기를 알아주는 자에게 등용되면 정치적 역량을 발휘하고, 등용되지 않으면 자신의 자취를 감출 뿐이라고 생각했다. 공자는 이처럼 집착함이 없이 무심히 살 수 있는 사람은 자신과 제자인 안회뿐이라고 생각하였다.

하루는 공자가 안회에게 "권력 있는 자가 써 주면 행하고, 버리면 물러나 마음속에 감출 수 있는 이는 나와 너 두 사람뿐일 것 같구나"라고 말했다.

이때 곁에서 듣고 있던 자로는 자신을 제쳐두고 한참 후배인 안회를 인정하는 스승의 말에 마음이 편하지 못했다. 그래서 자신도 인정받고 싶은 욕심에 이렇게 물었다.

"만약 선생님께서 삼군(三軍)을 통솔하신다면 누구와 더불어 하시겠습니까?"

무용(武勇)에 관한 한 자신 있던 자로는 은근히 기대하며 공자의 대답을 기다렸다. 그러나 공자는 자로의 기대와는 달리 이렇게 말했다.

"나는 맨손으로 범을 잡으려 하고 맨발로 황허강을 건너려다가 죽어도 후회함이 없는 자와 함께 하지 않을 것이니, 반드시 일에 임하여 두려운 생각을 가지고 즐겨 도모하여 일을 성공시키는 사람과 함께 할 것이다."

공자의 이 대답은 자로의 경솔한 태도와 만용을 경계하기 위한 것으로, 제자에 대한 깊은 배려가 들어 있다.

사나울 포 暴 暴	날일 部, 15획, 인·지명용 한자		暴		
	`丶冂冃日旦早杲杲昇` `杲暴暴暴暴暴`				
범호 虎 虎	범호밑 部, 8획, 한자능력검정 준3급		虎		
	`丨乕乕广卢虎虎虎`				
업신여길 빙 馮 馮	말마 部, 12획, 한자능력검정 2급		馮		
	`丶冫冫冫冫沪沪馮馮馮馮` `馮`				
물 하 河 河	삼수변 部, 8획, 한자능력검정 5급		河		
	`丶丶氵氵汀汀沪沪河`				

暴	虎	馮	河	暴	虎	馮	河

風樹之嘆

바람 **풍**   나무 **수**   어조사 **지**   탄식할 **탄**

: 바람과 나무의 탄식이란 말로 효도를 다 하지 못한 자식의 슬픔을 빗댄 표현.

고사성어 유래

이것은 '나무는 조용하고자 하지만 불어오는 바람이 그치지 않는다'에서 나온 말로 부모가 살아 있을 때 효도하지 않으면 후에 한탄하게 된다는 말이다.

공자가 자기의 뜻을 펴기 위해 이 나라 저 나라로 떠돌고 있을 때였다. 그날도 발걸음을 재촉하고 있는데 어디선가 몹시 슬피 우는 소리가 공자의 귀에 들려왔다. 울음소리를 따라가 보니 곡성의 장본인은 고어(皐魚)라는 사람이었다. 공자가 우는 까닭을 물어보았다.

울음을 그친 고어가 입을 열었다.

"저에게는 세 가지 한(恨)이 되는 일이 있습니다. 첫째는 공부를 한답시고 집을 떠났다가 고향에 돌아가 보니 부모는 이미 세상을 떠난 뒤였습니다. 둘째는 저의 경륜을 받아들이려는 군주를 어디에서도 만나지 못한 것입니다. 그리고 셋째는 서로 속마음을 터놓고 지내던 친구와 사이가 멀어진 것입니다."

고어는 한숨을 쉬고는 다시 말을 이었다.

"아무리 나무가 조용히 있고 싶어도 불어온 바람이 멎지 않으니 뜻대로 되지 않습니다. 마찬가지로 자식이 효도를 다하려고 해도 그때까지 부모는 기다려 주지 않습니다. 돌아가시고 나면 다시는 뵙지 못하는 것이 부모입니다. 저는 이제 이대로 서서 말라 죽으려고 합니다."

고어의 말이 끝나자 공자는 제자들을 돌아보며 이렇게 말했다."

"이 말을 명심해 두어라. 훈계로 삼을 만하지 않은가."

이날 충격과 함께 깊은 감명을 받은 공자의 제자 중 고향으로 돌아가 부모를 섬긴 사람이 열세 명이나 되었다고 한다.

바람 풍	바람풍 部, 9획, 한자능력검정 6급	風		
風	ノ 几 凡 凡 風 風 風 風 風			
風				
나무 수	나무목 部, 16획, 한자능력검정 6급	樹		
樹	一 十 才 木 木 村 桔 桔 桔 桔 桔 桔 桔 桔 樹 樹			
樹				
어조사 지	삐침별 部, 4획, 한자능력검정 준3급	之		
之	丶 亠 ラ 之			
之				
탄식할 탄	입구 部, 14획, 상용 한자	嘆		
嘆	丶 ロ ロ 叩 叩 噗 噗 噗 嗒 嗒 嘡 嘡 嘆 嘆			
嘆				

風	樹	之	嘆	風	樹	之	嘆

夏 爐 冬 扇

여름 하   화로 로   겨울 동   부채 선

: 격이나 철에 맞지 않거나 쓸데 없는 사물을 비유하는
말.

후한 시대의 학자 왕충이 쓴 《논형》에 이런 대목이 보인다.

"쓸모 없는 재능을 내세우고 아무런 보탬이 되지 않는 의견을 내놓는 것은 여름에 화로를 권하고 겨울에 부채를 내미는 것과 같다."

겨울의 화로와 여름의 부채는 유용하고 환영 받는 물건이지만 겨울의 부채와 여름의 화로는 아무짝에도 쓸모가 없는 무용지물이다. 그러나 여름의 화로라 하더라도 그것으로 젖은 것을 말릴 수도 있으며 겨울의 부채라 하더라도 그것을 부침으로써 꺼져가는 불을 살려서 활활 타게 할 수도 있지 않은가? 좀 더 비약하면 아무 쓸모없이 보이는 것이 때로는 어느 것보다 더 유용하게 쓰이는 이른바 장자의 '쓸모없는 것의 쓸모 있음' 의 철학에도 생각이 미친다.

장자는 '사람들은 모두 유용의 쓰임을 알지만 무용의 쓰임은 알지 못한다' 고 말했다. 버린 돌이 주춧돌이 된다는 말이 있듯이 못쓰겠다고 단념하고 내버린 것이 나중에 중용되는 경우도 얼마든지 있다. 범속한 인간들의 눈에 무용으로 보이는 것이 오히려 크게 쓰일 수도 있다.

여름 하 夏	천천히걸을쇠발 部, 10획, 한자능력검정 7급 一 𠆢 𠂇 𠀑 𠀑 百 百 頁 夏 夏	夏		
夏				
화로 로 爐	불화 部, 20획, 한자능력검정 준3급 丶 丷 丬 𤈦 𤈦 炉 炉 炉 炉 㷀 㷀 㷀 㷀 爐 爐 爐 爐 爐 爐	爐		
爐				
겨울 동 冬	이수변 部, 5획, 한자능력검정 7급 丿 夂 夂 冬 冬	冬		
冬				
부채 선 扇	지게호 部, 10획, 한자능력검정 1급 丶 冖 㞋 户 户 户 肩 扇 扇 扇	扇		
扇				

夏	爐	冬	扇	夏	爐	冬	扇

涸轍鮒魚

마를 **학**　　수레바퀴 **철**　　붕어 **부**　　고기 **어**

: 수레바퀴 자국에 괸 물에 있는 붕어라는 뜻으로 매우 위급한 경우에 처했거나 몹시 고단하고 옹색함을 비유

고사성어 유래

전국시대, 무위자연을 주장했던 장자의 이야기이다. 그는 왕후에게 무릎을 굽혀 안정된 생활을 하기보다는 어느 누구에게도 구속받지 않는 자유로운 생활을 즐겼다. 그러다 보니 가난한 그는 끼니조차 잇기가 어려웠다.

어느 날 장자는 굶다 못해 친구인 감하후를 찾아가 약간의 식대를 꾸어 달라고 했다. 그러자 감하후는 친구의 부탁을 딱 잘라 거절할 수가 없어 이렇게 핑계를 댔다.

"빌려주지. 2, 3일만 있으면 식읍(食邑)에서 세금이 올라오는데 그때 삼백 금 쯤 융통해 줄 테니 기다리게." 당장 배가 고파 죽을 지경인데 2, 3일 뒤의 삼백 금이 무슨 소용이 있단 말인가. 체면 불고하고 찾아온 자기 자신에게 화가 난 장자는 내뱉듯이 말했다.

"고맙군. 하지만 그땐 아무 소용없네."

그리고 이어 장자 특유의 비아냥조로 이렇게 덧붙여 말했다.

"내가 여기 오느라 걷고 있는데 누가 나를 부르지 않겠나. 그래서 주위를 둘러보니 수레바퀴 자국에 괸 물에 붕어가 한 마리 있더군. 왜 불렀느냐고 묻자 붕어는 당장 말라죽을 지경이니 물 몇 잔만 떠다가 살려 달라는 것이 아닌가. 그래서 나는 귀찮은 나머지 이렇게 말해 주었지. '그래, 나는 2, 3일 안으로 남쪽 오나라와 월나라로 유세를 떠나는데 가는 길에 서강(西江)의 맑은 물을 잔뜩 길어다 줄 테니 그때까지 기다리라'고. 그랬더니 붕어는 화가 나서 '나는 지금 물 몇 잔만 있으면 살수 있는데 당신이 기다리라고 하니 이젠 틀렸소. 나중에 건어물전으로 내 시체나 찾으러 와 달라'고 하더니 그만 눈을 감고 말더군. 자, 그럼 실례했네."

마르 학	삼수변 部, 11획, 확장 한자				
涸	丶 冫 氵 氵 汀 汩 洞 洞 涸 涸 涸	涸			
涸					

수레바퀴 철	수레거 部, 19획, 한자능력검정 1급				
轍	一 厂 百 百 亘 亘 車 車 車 軒 軒 軒 輎 輎 輎 輎 輎 轍 轍	轍			
轍					

붕어 부	고기어 部, 16획, 확장 한자				
鮒	丿 ⺈ ⺈ 各 各 角 角 角 角 魚 魚 魚 魚 魣 鮒 鮒	鮒			
鮒					

고기 어	고기어 部, 11획, 한자능력검정 5급				
魚	丿 ⺈ ⺈ 各 各 角 角 魚 魚 魚 魚	魚			
魚					

涸	轍	鮒	魚	涸	轍	鮒	魚

邯 鄲 之 夢

땅이름 한   땅이름 단   어조사 지   꿈 몽

: 한단에서 꾼 꿈이라는 뜻으로 인생의 덧없음과 영화의 헛됨을 비유

고사성어 유래

당나라 현종 때의 이야기이다.

도사 여옹이 한단의 한 주막에서 쉬고 있는데 행색이 초라한 젊은이가 옆에 와 앉더니 산동에 사는 노생이라며 신세 한탄을 하고는 졸기 시작했다. 여옹이 보따리 속에서 양쪽에 구멍이 뚫린 도자기 베개를 꺼내 주자 노생을 그것을 베고 잠이 들었다. 노생이 꿈속에서 점점 커지는 그 베개의 구멍 속으로 들어가 보니 고래등 같은 기와집이 있었다.

노생은 최씨로서 명문인 그 집 딸과 결혼하고 과거에 급제한 뒤 벼슬길에 나아가 순조롭게 승진했다.

그 후 10년 동안 태평성대를 이룩한 명재상으로 이름이 높았으나 어느 날, 갑자기 역적으로 몰렸다. 변방의 장군과 모반을 꾀하였다는 것이다. 노생은 자신의 처지를 한탄하며 말했다.

"내 고향 산동에서 땅이나 부쳐 먹고 살았더라면 이런 억울한 누명은 쓰지 않았을 텐데, 무엇 때문에 애서 벼슬길에 나갔는지 모르겠다. 그 옛날 누더기를 걸치고 한단의 거리를 걷던 때가 그립구나. 하나 이제 와서 후회한들 무슨 소용이란 말인가."

그는 칼을 들어 자결하려 했지만 아내와 아들이 말리는 바람에 그렇게 하지 못했다. 노생과 함께 잡힌 사람들은 모두 처형당했으나 그는 환관이 힘써 준 덕분에 사형을 면하고 변방으로 유배되었다.

수년 후, 원죄임이 밝혀지자 황제는 노생을 소환하여 중서령으로 제수한 뒤 연국공에 책봉하고 많은 은총을 내렸다. 그 후 노생은 권문세가와 혼인하고 고관이 된 다섯 아들과 열 손자를 거느리고 행복한 만년을 보내다가 황제의 어의가 지켜보는 가운데 80년의 생애를 마쳤다.

노생이 깨어 보니 꿈이었다. 옆에는 여전히 여옹이 앉아 있었고 주막집 주인이 짓고 있는 기장밥도 아직 다 되지 않은 채였다. 노생을 바라보고 있던 여옹이 웃으면 말했다.

"인생이란 다 그런 것이라네."

노생은 여옹에게 공손하게 인사를 고하고 한단을 떠났다.

땅이름 한	우부방 部, 8획, 한자능력검정 2급	邯		
邯	一 十 廿 廿 甘 甘′ 甘ß 邯			
邯				
땅이름 단	우부방 部, 15획, 상용 한자	鄲		
鄲	丶 丨 口 叩 吅 吅 咄 單 單 單 單′ 鄲ß 鄲			
鄲				
어조사 지	삐침별 部, 4획, 한자능력검정 준3급	之		
之	丶 亠 ナ 之			
之				
꿈 몽	저녁석 部, 14획, 한자능력검정 준3급	夢		
夢	丶 丄 丱 艹 节 芍 茜 苗 苗 萝 萝 夢 夢 夢			
夢				

邯	鄲	之	夢	邯	鄲	之	夢

狐 假 虎 威

여우 **호**　　거짓 **가**　　범 **호**　　위엄 **위**

: 여우가 호랑이의 힘을 빌어 위세를 부린다는 뜻으로
　남의 권세를 업고 위세를 부림을 말함.

고사성어 유래

　전국시대인 기원전 4세기 초엽, 초나라 선왕 때의 일이다. 어느 날 선왕은 위나라에서 사신으로
왔다가 그의 부하가 된 강을에게 물었다.

　"위나라를 비롯한 북방제국이 우리 재상 소해휼을 두려워하고 있다는데 그게 사실이오?"

　"그렇지 않사옵니다. 북방 제국이 어찌 일개 재상에 불과한 소해휼 따위를 두려워하겠나이까.
전하, 혹 '호가호위' 란 말을 알고 계시옵니까?"

　"모르오."

　"하오면 들어 보시오소서. 어느 날 호랑이한테 잡아먹히게 된 여우가 이렇게 말했나이다. '네가
나를 잡아먹으면 너는 나를 모든 짐승의 우두머리로 정하신 천제의 명을 어기는 것이 되어 천벌을
받게 된다. 만약 내 말을 못 믿겠다면 당장 내 뒤를 따라와 보거라. 나를 보고 달아나지 않는 짐승
은 단 한 마리도 없을 테니까.' 그래서 호랑이는 여우를 따라가 보았더니 과연 여우의 말대로 만나
는 짐승마다 혼비백산하여 달아나는 것이었습니다. 사실 짐승들을 달아나게 한 것은 여우 뒤에 있
는 호랑이였는데도 호랑이 자신은 그걸 전혀 깨닫지 못하고 있었던 것이옵니다. 이 경우도 마찬가
지입니다. 지금 북방 제국이 두려워하고 있는 것은 소해휼이 아니라 그 배후에 있는 초나라의 군
세, 즉 전하의 강병이옵니다."

　이처럼 강을이 소해휼을 폄하는 이유는 아부로 선왕의 영신이 된 강을에게 있어 왕족이자 명재
상인 소해휼은 눈엣가시였기 때문이다.

여우 호	개사슴록변 部, 8획, 한자능력검정 1급	狐		
狐	ノ ノ ゟ ゟ ゟ 狐 狐 狐			
狐				
거짓 가	사람인변 部, 11획, 한자능력검정 준4급	假		
假	ノ イ 亻 亻 亻 亻 作 作 作 假 假			
假				
범 호	범호밑 部, 8획, 한자능력검정 준3급	虎		
虎	｜ ｜ ｜ 卢 户 虍 虎 虎			
虎				
위엄 위	계집녀 部, 9획, 한자능력검정 4급	威		
威	ノ 厂 厂 反 反 反 威 威 威			
威				

狐	假	虎	威	狐	假	虎	威

浩然之氣

넓을 **호**　　　그럴 **연**　　　갈 **지**　　　기운 **기**

: 도의에 뿌리를 박고 공명정대하여 조금도 부끄러울 바
없는 도덕적 용기

고사성어 유래

전국시대의 철인 맹자에게 어느 날, 제나라 출신의 공손추란 제자가 물었다.

"선생님이 제나라의 재상이 되시어 도를 행하신다면 제나라를 틀림없이 천하의 패자로 만드실
것입니다. 그런 경우를 생각하면 선생님도 역시 마음이 동요되시겠지요?"

"나는 마흔이 되면서 마음이 동요되지 않았다."

"마음이 동요되지 않게 하는 방법이 무엇입니까?"

"그것은 한 마디로 용(勇)이다. 자기 마음속에 부끄러움이 없으면 아무것도 두려울 게 없고, 이
것이야말로 큰 용기로써 마음이 동요되지 않게 하는 최상의 수단이니라."

"그럼, 선생님의 부동심과 고자의 부동심은 어떻게 다릅니까?"

고자는 맹자의 성선설에 대하여 사람의 본성은 선하지고 악하지도 않다고 논박한 맹자의 논적
이었다.

"고자는 이해가 되지 않는 말을 애써 이해하려 해서는 안 된다고 하지만 이는 소극적이다. 나는
말을 알고 있다는 점에서 고자보다 낫다. 게다가 '호연지기'도 기르고 있다."

'지언'이란 음탕하거나 간사한 말 혹은 회피하는 말을 간파하는 식견을 갖는 것이다. 또 '호연
지기'란 요컨대 평온하고 너그러운 화기를 말하는 것으로써 천지간에 넘치는 지대, 지강하고 곧으
며, 이것을 기르면 광대무변한 천지까지 충만하다는 원기를 말한다. 그리고 이 기(氣)는 도(道)와
의(義)에 합치하는 것으로써 도의가 없으면 시들고 만다. 이 '기'가 인간에게 깃들어 그 사람의 행
위가 도의에 부합하여 부끄러울 바 없으면 그 누구에게도 굴하지 않는 도덕적 용기가 생기는 것이
다.

넓을 호 浩	삼수변 部, 10획, 한자능력검정 준3급 丶 丶 冫 氵 汁 汁 洪 浩 浩 浩	浩
浩		
그럴 연 然	연화발 部, 12획, 한자능력검정 7급 ノ ク タ タ 夘 夘 妖 妖 然 然 然	然
然		
갈 지 之	삐침별 部, 4획, 한자능력검정 준3급 丶 亠 ラ 之	之
之		
기운 기 氣	기운기 部, 10획, 한자능력검정 7급 ノ 宀 乍 气 气 氕 氛 氛 氣 氣	氣
氣		

浩	然	之	氣	浩	然	之	氣

胡 蝶 之 夢

어찌 **호**　　나비 **접**　　어조사 **지**　　꿈 **몽**

: 나비가 된 것이라는 뜻으로 인생의 덧없음을 비유한
말.

　전국시대 사상가 장자는 맹자와 같은 시대의 인물로서 물(物)의 시비, 선악, 진위, 미추, 빈부, 귀
천을 초월하여 자연 그대로 살아가는 무위자연을 제창한 사람이다.
　장자가 어느 날 꿈을 꾸었다. 꽃과 꽃 사이를 훨훨 날아다니는 즐거운 나비 그 자체였다. 그러나
문득 깨어 보니 자기는 분명 장주가 아닌가. 이는 대체 장주인 자기가 꿈속에서 나비가 된 것일까.
그렇지 않으면 자기는 나비이고 그 나비인 자기가 꿈속에서 장주가 된 것일까.
　꿈이 현실인가, 현실이 꿈인가. 그 사이에 도대체 어떤 구별이 있는 것인가. 추구해 나가면 인생
그 자체가 하나의 꿈이 아닌가. 장자의 이런 우화는 독자를 유현한 세계로 끌어들여 생각케 한다
고 평가받고 있다.

어찌 호 胡	달월 部, 9획, 한자능력검정 5급	胡		
	一 十 古 古 古 胡 胡 胡 胡			
胡				
나비 접 蝶	벌레충 部, 15획, 한자능력검정 3급	蝶		
	` 口 口 中 虫 虫 虫 虫⺀ 虸⺀ 蚶 蝴 蜨 蝶 蝶			
蝶				
어조사 지 之	삐침별部, 4획, 한자능력검정 준3급	之		
	丶 ㇐ ㇇ 之			
之				
꿈 몽 夢	저녁석 部, 14획, 한자능력검정 준3급	夢		
	丶 ＋ 卄 ガ 世 艿 芦 茜 苗 茜 茜 夢 夢 夢			
夢				

胡	蝶	之	夢	胡	蝶	之	夢

畵 龍 點 睛

그림 화　　　용 룡　　　점찍을 점　　눈동자 정

: 용을 그리는데 눈동자도 그려 넣는다는 뜻으로 사소한
　것으로 전체가 돋보이고 활기를 띠며 살아남을 비유.

고사성어 유래

　　남조인 양나라에 장승요라는 사람이 있었다. 우 군장군과 오흥태수를 지냈다고 하니 벼슬길에
서도 입신한 편이지만 그는 붓 하나로 모든 사물을 실물과 똑같이 그리는 화가로 유명했다.
　　어느 날, 장승요는 금릉에 있는 안락사의 주지로부터 용을 그려 달라는 부탁을 받았다. 그는 절
의 벽에 검은 구름을 헤치고 곧 하늘로 날아오를 듯한 두 마리의 용을 그렸다. 물결처럼 꿈틀대는
몸통, 갑옷처럼 단단해 보이는 비늘, 날카롭게 뻗은 발톱에도 생동감이 넘치는 용을 보고 찬탄하지
않는 사람이 없었다. 그런데 한 가지 이상한 것은 장승요가 용의 눈에 눈동자가 그려져 있지 않은
것이었다. 사람들이 그 이유를 묻자 장승요는 이렇게 대답했다.
　　"눈동자를 그려 넣으면 용은 당장 벽을 박차고 하늘로 날아가 버릴 것이오."
　　그러나 사람들은 그의 말을 믿으려 하지 않았다. 당장 눈동자를 그려 넣으라는 성화독촉에 견디
다 못한 장승요는 한 마리의 용에 눈동자를 그려 넣기로 했다. 그는 붓을 들어 용의 눈에 '획' 하니
점을 찍었다. 그러자 돌연 벽 속에서 번개가 번쩍이고 천둥소리가 요란하게 울려 퍼지더니 눈을
그려 넣은 용이 튀어나와 비늘을 번뜩이며 하늘로 날아가 버렸다. 그러나 눈동자를 그려 넣지 않
은 용은 벽에 그대로 남아 있었다고 한다.

그림 화	밭전 部, 13획, 한자능력검정 6급	畵		
畵	ㄱ ㄱ ㅋ ㅋ 聿 聿 聿 書 書 書 書 書 畵 畵			
畵				
용 룡	용룡 部, 16획, 한자능력검정 4급	龍		
龍	` ㄴ ㅗ ㅜ ㅗ 亨 育 育 育 育 龍 龍 龍 龍 龍			
龍				
점찍을 점	검을흑 部, 17획, 한자능력검정 4급	點		
點	` ㅁ ㅁ ㅁ 田 田 甲 里 黑 黑 黑 黑 黑 點 點 點 點			
點				
눈동자 정	눈목 部, 13획, 한자능력검정 1급	睛		
睛	ㅣ ㄲ ㄲ 月 月 目 目 目 睛 睛 睛 睛 睛			
睛				

畵	龍	點	睛	畵	龍	點	睛

換骨奪胎

바꿀 **환**　　뼈 **골**　　빼앗을 **탈**　　아이밸 **태**

: 뼈대를 바꾸고 태를 탈바꾼다는 뜻으로 남의 문장의 취의를 본뜨되 그 형식을 바꿔 자신의 것처럼 꾸민다는 의미도 가지고 있음.

고사성어 유래

황정견은 소식이라는 자와 함께 북송을 대표하는 시인으로, 박학다식하여 독자적인 세계를 만들어 냈다. 그의 독자적인 수법을 도가의 용어를 빌려 표현한 것이 있는데 그것이 바로 '환골탈퇴'라는 말이다.

"황정견은 '두보 시를 일컬어 영단한 말로 쇠를 이어서 금을 이룸과 같다' 라고 말했다."

두보의 붓에 걸리면 흔해 빠진 경치도 곧 아름다운 자연으로 변하는데, 그것은 연금술사가 쇠에 한 알의 영단을 넣어서 황금으로 변화시키는 것과 같다는 말이다. 이때의 '영단' 은 '시상(詩想)' 을 의미한다. 도가에서는 영단 혹은 금단(金丹)을 먹어서 보통 사람의 뼈를 선골로 만드는 것을 '환골' 이라 하고, 탈태(奪胎)의 '태(胎)' 도 선인(先人)의 시에 보이는 착상(着想)을 말하며, 시인의 시상(詩想)은 마치 어머니의 태내(胎內)에 있는 것과 같은 것이므로, 태(胎 : 着想)를 나의 것으로 삼아 자기의 시경(詩境)으로 변화시키는 것을 탈태(奪胎)라고 말하는 것이다.

남송의 중 혜홍이 쓴 《냉제야화》에 〈황산곡〉은 다음과 같이 말하였다.

"시의 뜻은 궁진함이 없고 사람의 재주는 한(限)이 있다. 한이 있는 재주로써 궁진함이 없고, 뜻을 좇는 것은 도연명이나 두보일지라도 교묘함을 얻지 못 한다. 그러나 그 뜻을 바꾸지 않고 그 말을 만드는 것, 이것을 환골법(換骨法)이라고 말하며, 그 뜻을 규모로 하여 이를 형용하는 것, 이것을 탈태법(奪胎法)이라고 말한다."

바꿀 환	재방변 部, 12획, 한자능력검정 준3급	換		
換	一 十 扌 扌 扩 扩 扩 捗 捗 捣 換 換			
換				
뼈 골	뼈골 部, 10획, 한자능력검정 4급	骨		
骨	丨 冂 冎 冎 冎 丹 丹 骨 骨 骨			
骨				
빼앗을 탈	큰대 部, 14획, 한자능력검정 준3급	奪		
奪	一 ナ 大 大 木 木 本 本 奄 奮 奮 奮 奪 奪			
奪				
아이밸 태	육달월 部, 9획, 한자능력검정 2급	胎		
胎	丿 刀 月 月 肸 肸 胎 胎 胎			
胎				

換	骨	奪	胎	換	骨	奪	胎

알아두면 유용한

고사성어 250

ㄱ

가가대소(呵呵大笑)
크게 소리내어 웃음

가렴주구(苛斂誅求)
가혹하게 착취하여 매우 재촉함

가인박명(佳人薄命)
여자의 얼굴이 너무 빼어나면 운명이 기박하다는
뜻

각고정려(刻苦精勵)
몹시 애를 쓰고 정성을 들임

감언이설(甘言利說)
남의 비위를 맞추는 달콤한 말과 이로운 조건만
들어 그럴듯하게 꾸미는 말

건곤일척(乾坤一擲)
하늘과 땅을 걸고 주사위를 한 번 던진다는 뜻으
로 곧 운명과 흥망을 하늘에 걸고 단판에 승패를
겨룸을 의미

거두절미(去頭截尾)
앞뒤를 생략하고 본론으로 들어감

경국지색(傾國之色)
임금이 혹하여 나라가 뒤집혀도 모를 만한 나라
안에 으뜸가는 미인

고군분투(孤軍奮鬪)
외로운 군력으로 대적과 싸움, 혹은 홀로 여러 명

을 상대함

고진감래(苦盡甘來)
고생 끝에 낙이 온다는 뜻

공옥이석(攻玉以石)
돌을 가지고 옥을 닦는다는 뜻으로, 하찮은 것으
로 귀한 것의 가치를 빛낸다는 뜻

과공비례(過恭非禮)
지나친 공손은 도리어 예에 벗어남

과전이하(瓜田李下)
오이밭에서 신을 고쳐 신지 말고(瓜田不納履), 자
두나무 아래에서 갓을 고쳐 쓰지 말라(李下不整
冠)의 약자로 의심나는 일을 아예 하지 말라는 뜻

교주고슬(膠柱鼓瑟)
거문고 기둥을 아교로 붙여놓고 거문고를 연주함
한다는 뜻으로 즉 고지식하여 융통성이 없는 것
을 의미

교칠지교(膠漆之交)
아교와 옻칠처럼 끈끈한 사귐이라는 뜻으로 친밀
하여 떨어질수 없는 사이를 말함

구마지심(狗馬之心)
자신의 성의를 겸손하게 이르는 말

구사일생(九死一生)
죽을 고비를 여러 차례 넘기고 겨우 살아남

구밀복검(口蜜腹劍)
입속에는 꿀을 담고 뱃속에는 칼을 지녔다는 뜻
으로 말로는 친한 척하지만 속으로는 은근히 해
칠 생각을 품고 있음을 비유

구우일모(九牛一毛)

아홉 마리 소 가운데서 뽑은 한 개의 털이라는 뜻으로, 많은 것 중에 가장 적은 것을 비유한 말

군맹무상(群盲撫象)

여러 소경이 코끼리를 어루만짐. 즉 사물을 자기 주관대로 그릇되게 판단하거나 그 일부밖에 파악하지 못하는 좁은 식견을 비유하는 말

금성탕지(金城蕩池)

쇠로 만든 성과 그 성을 둘러싸고 있는 끓는 연못이라는 뜻으로 방비가 아주 견고한 성을 말함

금의야행(錦依夜行)

비단옷을 입고 밤길을 간다는 뜻으로, 출세하고도 고향으로 돌아가지 못하는 것을 의미. 남이 알아주지 않는 아무 보람없는 행동을 비유한 말

기문지학(記問之學)

글을 외우기만 하고 제대로 이해하지 못함

기세양난(其勢兩難)

이럴수도 저럴수도 없음

기인지우(杞人之憂)

기(杞)나라 사람의 군걱정이란 뜻으로 쓸데없는 걱정이나 무익한 근심을 말함.

낙생어우(樂生於憂)

즐거움은 항상 고생하는 데서 온다는 뜻

낙이망우(樂以忘憂)

즐거움에 도취되어 근심을 잊음

낙정하석(落穽下石)

함정에 빠진 사람에게 돌을 떨어뜨린다는 뜻으로, 어려운 처지에 놓인 사람을 구해주기는커녕 도리어 더 심하게 괴롭힘

낙필점승(落筆點蠅)

붓 떨어진 자리에 파리를 그렸다는 뜻으로 화가의 놀라운 솜씨를 이름

낙화유수(落花流水)

떨어지는 꽃잎과 흐르는 물. 곧 낙화에 정이 있으면 유수 또한 정이 있어 그것을 띄워서 흐를 것이란 뜻으로 남녀에게 서로 그리워하는 정이 있음을 비유

난만상의(爛漫相議)

오래 두고 여러 차례 충분히 의논함

난상토의(爛商討議)

낱낱이 들어가며 잘 의논함

난익지은(卵翼之恩)

알을 까서 날개로 품어 길러 준 은혜란 뜻으로 자기를 낳아 길러 준 어버이의 은혜를 뜻함

남귤북지(南橘北枳)
강남의 귤을 강북에 옮겨 심으면 탱자로 변한다는 뜻으로 사람은 환경에 따라 악하게도 되고 착하게도 된다는 것을 의미

내성불구(內省不疚)
스스로 반성하여 조금의 거리낌도 없음

누란지위(累卵之危)
포개어 놓은 달걀과 같이 위험하다는 뜻

능소능대(能小能大)
모든 일에 두루 능하거나 남들과 사귀는 수환이 능한 것을 뜻함

낭중지추(囊中之錐)
주머니 속의 송곳이란 뜻으로, 재능이 뛰어난 사람은 숨어 있어도 자연히 남의 눈에 드러난다는 것을 비유

낭중취물(囊中取物)
무엇인가를 주머니 속에 든 물건을 꺼내듯이 손쉽게 얻음

내유외강(內柔外剛)
옥의 광택이 안에 함축된 것과 밖으로 나타난 것이라는 뜻으로, 인물의 재주와 덕행을 글 또는 시능을 통해 이르는 말

내자가추(來者可追)
지난 일은 어쩔 수 없지만 장래의 일은 개선할 여지가 있음

노발대발(怒發大發)
몹시 성을 냄

노심초사(勞心焦思)

애를 쓰며 속을 태움

능곡지변(陵谷之變)
언덕과 골짜기가 서로 바뀐다는 뜻으로, 세상의 변천이 심함을 비유

능사필의(能事畢矣)
해야 할 일을 모두 끝냄

ㄷ

다기망양(多岐亡羊)
길이 여러 갈래여서 양을 잃었다는 뜻으로, 학문하는 방법이 너무 많아 옆길로 새기 쉽기 때문에 진리에 도달하기가 어렵다는 말

다문박식(多聞博識)
보고 들은 것이 많고 학식이 넓음

다사다난(多事多難)
여러 가지 일이 많은데다 어려움도 따름

다사다망(多事多忙)
일이 많아 눈코 뜰 새 없이 바쁨

다정다감(多情多感)
감수성이 많아 느끼고 생각하는 것도 많음

단도직입(單刀直入)
문장이나 말에 있어서 요점을 바르게 풀이하여 들어감

담대심소(膽大心小)
담력은 크게 가지되 주위는 세심해야함을 뜻함

당국자미(當局者迷)
실제 그 일을 맡아보는 사람이 오히려 실정에 어둡다는 뜻

당랑재후(螳螂在後)
눈앞의 욕심에만 눈이 어두워 덤비면 결국 큰 손해를 입게 된다는 뜻

대담무쌍(大膽無雙)
대담하기에 어디에 비할 바가 없음

대도무문(大道無門)
사람으로서 마땅히 지켜야 할 도리나 바른길에는 거칠 것이 없다는 뜻으로, 누구나 그 길을 걸으면 승리자가 될 수 있음을 비유

도비순설(徒費脣舌)
헛되이 입술과 혀만 수고롭게 한다는 뜻으로, 부질없이 말만하고 아무런 보람이 없다는 뜻

동문서답(東問西答)
묻는 말에 대하여 아주 딴판의 소리로 대답함

독불장군(獨不將軍)
남의 의견을 묵살하고 저 혼자 일을 처리해나가는 사람

동선하로(冬扇夏爐)
겨울철의 부채, 여름철의 화로란 뜻으로 아무 쓸모없는 물건을 비유

동상이몽(同床異夢)
같은 처지에서 서로 딴 생각을 함

두문불출(杜門不出)
집 안에 들어앉아 세상 밖에 나가지 않음

득소실다(得所失多)
얻은 것보다 잃은 것이 많음

득실상반(得失相半)
이로움과 해로움이 같음

등하불명(燈下不明)
'등잔 밑이 어둡다' 는 뜻으로 바로 눈 앞에 있는 것을 보지 못함을 비유

ㅁ

막상막하(莫上莫下)
낫고 못함이 없음

만고풍상(萬古風霜)
오랜 세월을 겪어온 수많은 고생

만시지탄(晚時之嘆)
기회를 잃고 때가 지났음을 한탄하는 것

망극지은(罔極之恩)
지극한 은혜, 어버이의 큰 은혜

망문생의(望文生義)
한자의 본뜻은 잘 파악하지 않고 글자의 배열만
보고 그럴싸하게 해석함

망운지정(望雲之情)
타향에서 부모를 그리는 자식의 애틋한 심정

면종복배(面從腹背)
앞에서는 순종하는 체하고 속으로는 딴마음을 먹
음

명세지재(命世之才)
새로운 시대를 창조할 재능. 또 그런 뛰어난 재능
을 가진 사람

명실상부(名實相符)
이름과 실상이 서로 부합함

목불인견(目不忍見)
눈뜨고 차마 볼 수 없음

무릉도원(武陵桃源)
신선이 살았다는 전설적인 중국의 명승지. 이상
향을 비유

무망지인(毋望之人)
위기에 처했을 때 청하지 않아도 스스로 찾아와
도움을 주는 사람

무부여망(無復餘望)
다시 희망을 걸 여지가 없음

무부여지(無復餘地)
다시 더할 나위가 없음

무용지물(無用之物)
쓸모없는 물건이나 사람

무이무삼(無二無三)
오로지 유일하게 비할 것이 없다는 뜻으로 곧 매
우 열중하는 모양을 비유

문경지교(刎頸之交)
생사를 같이할 수 있는 아주 가까운 사이, 또는 그
런 친구를 이르는 말

문과수비(文過遂非)
잘못을 숨기고 조금도 뉘우치지 않음

문방사우(文房四友)
종이 · 붓 · 먹 · 벼루의 네 가지 문방구

문일지십(聞一知十)
한 가지를 듣고 열 가지를 미루어 안다는 뜻으로
매우 총명함을 이르는 말

문질빈빈(文質彬彬)
겉모양의 아름다움, 곧 형식과 속내의 아름다움이 서로 잘 어울려 조화를 이룬 모양

물경소사(勿輕小事)
작은 일이라도 경솔하게 처리하지 말라는 뜻

물구즉신(物久則神)
물건이 오래 묵으면 반드시 변화한다는 뜻

물극즉반(物極則反)
사물은 극점에 도달하면 곧 원점으로 되돌아온다는 뜻

물실호기(勿失好機)
좋은 기회를 놓치지 아니함

반근착절(盤根錯節)
굽은 뿌리와 엉클어진 마디라는 뜻으로, 뒤엉켜 처리하기 어려운 일을 의미

반생반사(半生半死)
거의 죽게 되어 생사를 알 수 없는 지경에 이름

방약무인(傍若無人)
곁에 사람이 없는 것처럼 함부로 행동하고 말하는 것

배암투명(背暗投明)
그른 길을 버리고 바른 길로 돌아감

배은망덕(背恩忘德)
은혜를 생각하지 않고 도리어 배반하는 것

백리부미(白里負米)
가난하게 살면서도 부모에게 효도함을 비유

백무일실(白無一失)
무슨 일에서든지 실패하는 일이 하나도 없음

백사불성(百事不成)
하는 일마다 모두 실패한다는 뜻으로 아무 일도 되는 것이 없음을 표현

백전노장(百戰老將)
세상일에 경험이 많아 당해내지 못하는 일이 없는 사람을 말함

백중지세 (伯仲之勢)
형제의 우열을 정하기 어렵다는 뜻으로 서로 비슷한 형세를 가리킴

부전자전 (父傳子傳)
대대로 아버지가 아들에게 전함

부중지어 (釜中之魚)
솥 안의 물고기란 뜻으로 죽음이 눈앞에 닥쳐옴을 뜻함

부창부수 (夫唱婦隨)
남편이 창을 하면 아내도 따라한다는 뜻으로 남편 뜻을 아내가 따름을 비유

부화내동 (附和雷同)
제 주견 없이 남이 하는 대로 그저 무턱대고 같이 움직이는 것

분골쇄신 (粉骨碎身)
뼈가 가루가 되고 몸이 부서지도록 노력함

분토지언 (糞土之言)
도리에 어긋나는 가치 없는 말

불감생심 (不敢生心)
힘에 부쳐 감히 엄두도 내지 못함

불로소득 (不勞所得)
노동의 대가로 얻는 소득이 아님

비분강개 (悲憤慷慨)
슬프고 분해서 마음이 복받침

비이장목 (比耳長目)
먼 곳에서 일어난 일을 빨리 듣고 보는 귀와 눈이라는 뜻으로 사물을 관찰함에 있어 민첩함을 비유

人

사가망처 (徙家忘妻)
이사할 때 깜빡 아내를 두고 간다는 뜻으로, 사물을 잘 잃어버리는 사람을 비유

사불급설 (駟不及舌)
한 번 내뱉은 말은 빠른 마차로도 따라 잡지 못한다는 뜻으로 말을 삼가야 함을 비유

사불명목 (死不瞑目)
한이 많아 죽어서도 눈을 감지 못함

사필귀정 (事必歸正)
모든 일은 반드시 바른 데로 돌아감

사생결단 (死生決斷)
죽고 삶을 돌보지 않고 끝장을 냄

산전수전 (山戰水戰)
세상일에 경험이 많다는 뜻

삼부지양 (三釜之養)
박봉으로나마 부모를 봉양하는 즐거움

상전벽해 (桑田碧海)
뽕나무밭이 변하여 푸른 바다가 된다는 뜻으로, 세상 일이 덧없이 변천함이 심함을 비유

선견지명 (先見之明)
앞일을 미리 내다보고 판단하는 총명스러움

설상가상(雪上加霜)
불행이 엎친 데 덮친 격으로 거듭 생김을 말함

설왕설래(說往說來)
서로 변론하느라 옥신각신함

성인지미(成人之美)
남의 아름다운 점을 도와 더욱 빛나게 함

소탐대실(小貪大失)
작은 것을 탐하다가 오히려 큰 것을 잃음

속수무책(束手無策)
뻔히 보면서도 어찌할바 몰라 꼼짝 못한다는 뜻

수수방관(袖手傍觀)
어떤 일을 당하면 손을 내밀어 일을 하지 못하고 옆에서 보고만 있는 것

수오지심(羞惡之心)
옳지 못함을 부끄러워할 줄 알고 착하지 못함을 미워하는 마음

수적천석(水滴穿石)
떨어지는 물방울이 바위를 뚫는다는 뜻

수화상극(水火相克)
서로 어울릴 수 없는 속성 때문에 원수 같이 대함

순망치한(脣亡齒寒)
옆에서 돕는 이가 망하면 이웃이 함께 위험하다는 뜻

순치보거(脣齒輔車)
입술과 이, 덧방나무와 수레바퀴처럼 서로 의지하고 도와야 제구실을 다할 수 있다는 뜻으로 서로 없어서는 안 될 존재를 비유

시시비비(是是非非)
공평 무사하게 옳은 것은 옳다 하고 그른 것은 그르다고 판단함

시종여일(始終如一)
처음부터 끝까지 늘 똑같음

신출귀몰(新出鬼沒)
귀신처럼 자유자재로 나타났다 사라졌다 하여 그 존재를 헤아릴 수 없음

실사구시(實事求是)
사실에 근거하여 사물의 진상 혹은 진리 등을 연구하는 일

십시일반(十匙一飯)
열 사람이 밥 한 술씩 보태면 한 사람의 한 끼 식량이 된다는 뜻으로 여러 사람이 한 사람을 돕기는 쉽다는 말

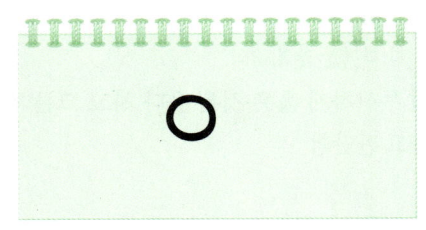

ㅇ

아비규환(阿鼻叫喚)
많은 사람이 지옥 같은 고통을 못 이겨 구원을 부르짖는 측은한 소리

아전인수(我田引水)
자기에게 이롭게만 하려는 것

약육강식(弱肉强食)
약한 것이 강한 것에게 먹힘

어부지리(漁父之利)
두 사람이 이해관계로 다투는 통에 엉뚱한 사람이 이익을 봄

어불성설(語不成說)
말이 이치에 맞지 않음

언중유골(言中有骨)
예사로운 말 같으나 그 속에 단단한 속뜻이 있음

여세추이(與世推移)
세상의 변함에 따라 함께 변함

역지사지(易之思之)
처지를 바꾸어 생각한다는 뜻으로 상대방의 처지에서 생각해야 함을 말함

오비삼척(吾鼻三尺)
내 사정이 급해서 남을 돌볼 여유가 없다는 말

오비이락(吳飛梨落)
공교롭게 뜻밖의 의심을 받게 되었을 때 비유되는 말

오합지졸(烏合之卒)
아무 규율도 통일도 없이 몰려다니는 무리

외유내강(外柔內剛)
겉으로는 부드럽게 보이나 속은 강함

요동지시(遼東之豕)
요동의 돼지, 즉 견문이 좁고 오만하여 하찮은 공을 내세우며 자랑함을 비유

우이독경(牛耳讀經)
'쇠귀에 경 읽기'라는 뜻으로 우둔한 사람은 아무리 가르치고 일러주어도 알아듣지 못함을 비유하여 이르는 말

우전탄금(牛前彈琴)
소에게 거문고 소리를 들려준다는 뜻으로, 우둔한 사람에게 도리를 설명해줘도 이해하지 못하므로 헛된 일이라는 뜻

우후죽순(雨後竹筍)
어떠한 일이 한때에 많이 일어나는 것

위편삼절(韋編三絶)
한 책을 되풀이해 읽어 철한 곳이 헤진 것을 다시 고쳐 매어 읽는다는 뜻으로, 열심히 독서하는 것을 비유

유구무언(有口無言)
변명할 말이 없거나 못함을 이름

유명무실(有名無實)
이름뿐이고 정작 실상은 없음

유유상종(類類相從)
같은 무리끼리 서로 내왕하며 사귐

인명재천(人命在天)
사람의 오래 살고 일찍 죽음은 다 하늘에 달려있음을 뜻함

일사천리(一瀉千里)
사물이 지체없이 진행된다는 뜻

일이관지(一以貫之)
하나의 이치로써 모든 것을 꿰뚫음

일어탁수(一魚濁水)
한사람의 악행으로 인하여 여러 사람이 그 해를 받게 됨

임기응변(臨機應變)
그 때 그 때의 변화되는 사정에 따라 적당히 처리하는 행동을 뜻함

ㅈ

자가당착(自家撞着)
자기의 언행이 전후가 모순되어 일치하지 않음

자수성가(自手成家)
물려받은 재산 없이 스스로 재산을 모아 일가를 이룩함

자승자박(自繩自縛)
자신의 행동으로 말미암아 자기가 괴로움을 받게 된다는 뜻

자업자득(自業自得)
자기가 저지른 일의 과오를 자기 자신이 받음

자초지종(自初至終)
처음부터 끝까지의 사정

자화자찬(自畵自讚)
자신이 그린 그림을 스스로 칭찬한다는 뜻으로, 자기가 한 일을 자기 스스로 칭찬함을 이름

작심삼일(作心三日)
억지로 지어먹은 마음이 사흘도 못 간다는 뜻

적반하장(賊反荷杖)
잘못한 사람이 아무 잘못도 없는 사람을 나무랄 때 쓰는 말

적수성연(積水成淵)
한 방울 한 방울의 물이 모여 연못을 이룬다는 뜻

전거복철(前車覆轍)

앞 수레가 엎어진 바퀴자국이란 뜻으로 앞 사람의 실패를 거울 삼아 주의하라는 교훈

전화위복(轉禍爲福)
안 좋은 일을 당했을 때 그것을 잘 처리하여서 좋은 일이 되게 하는 것

정신일도(情神一到)
정신을 한 곳에 기울이면 어떤 일이라도 이룰 수 있다는 뜻

조변석개(朝變夕改)
아침저녁으로 뜯어 고친다는 뜻으로, 계획이나 결정 따위를 이랬다 저랬다 자꾸 고침을 이르는 말

좌불안석(坐不安席)
침착하지 못하고 오래 앉아 있지 못함

좌지우지(左之右之)
제 마음대로 휘두르거나 처리함

주마가편(走馬加鞭)
달리는 말에 계속 채찍질을 한다는 뜻으로, 최선을 다하여 열심히 하고 있는 사람을 더욱 부추기거나 몰아치는 것을 비유

주마간산(走馬看山)
바빠서 자세히 보지 못하고 지나침을 뜻함

중구난방(衆口難防)
여러 사람의 말을 막기 어렵다는 뜻

지기지우(知己之友)
자신의 속마음까지 알아주는 참된 벗

진퇴유곡(進退維谷)
나아갈 수도 없고 물러설 수도 없음

ㅊ

차신차의(且信且疑)
한편으로는 믿음직스러운 반면 한편으로는 의심스럽기도 함

차형손설(車螢孫雪)
가난에 굴하지 않고 학문에 힘씀을 비유

창랑자취(滄浪自取)
좋은 말이나 나쁜 말, 상이나 벌을 받는 것은 모두 자기하기 나름이라는 뜻

창업수성(創業守成)
일을 시작하기는 쉬우나 이룬 것을 지키기는 어렵다는 말

창해유주(滄海遺珠)
넓은 바다 속에 남아 있는 구슬이라는 뜻으로, 세상에 알려지지 않은 어진 사람이나 썩 유능한 인재를 비유

천진난만(天眞爛漫)
천진함이 넘친다는 말로 조금의 꾸밈도 없이 아주 순진하고 참됨을 뜻함

천하태평(天下泰平)
온 세상이 태평하다는 뜻으로 세상근심 모르고 편안하게 생활함을 비유

철두철미(徹頭徹尾)
처음부터 끝까지 철저하게

청심과욕(淸心寡慾)
마음을 깨끗이 하고 욕심을 적게 함

청천벽력(靑天霹靂)
맑은 하늘에 날벼락이라는 뜻으로 생각지 않은 무서운 일을 비유

추처낭중(錐處囊中)
주머니 속에 있는 송곳은 반드시 그 끝이 주머니를 뚫고 나온다는 뜻으로, 뛰어난 사람은 반드시 그 재능을 나타낼 기회가 있다는 말

출가외인(出嫁外人)
출가한 딸은 남이나 마찬가지라는 뜻

충목지장(衝目之杖)
눈을 찌를 막대기란 뜻으로, 남을 해칠 악한 마음을 이르는 말

취생몽사(醉生夢死)
아무 뜻 없이 한 세상을 흐리멍덩하게 보냄

치망설존(齒亡舌存)
견고한 이가 깨지고 부드러운 혀가 오래 남는다는 뜻으로, 모진 사람은 망하기 쉽고 순한 사람은 오래 남음을 비유하는 말

치인설몽(痴人說夢)
종잡을 수없이 되는대로 말함을 이르는 말

칠실지우(漆室之憂)
제 분수에 넘치는 일을 걱정함을 이르는 말

칠전팔도(七顚八倒)
일곱 번 구르고 여덟 번 거꾸러진다는 뜻으로, 어려운 고비를 많이 겪음을 가리키는 말

침우기마(寢牛起馬)
소는 눕는 것을 좋아하고, 말은 서 있는 것을 좋아한다는 뜻으로, 사람마다 제각기 취미가 다름을 이르는 말

침윤지참(浸潤之讒)
물이 수건에 스며들 듯 점차적으로 효과가 나타나는 참언, 아주 교묘한 중상 모략을 뜻함

ㅋ

쾌도난마(快刀亂麻)
잘 드는 칼로 엉클어진 삼실을 자른다는 뜻으로, 복잡하고 곤란한 사건을 명쾌하게 처리하는 것을 비유

쾌독파차(快犢破車)
어렸을 때의 성품이나 소행만으로는 그 사람의 미래를 속단할 수 없다는 말

쾌락불퇴(快樂不退)
쾌락은 물러나지 않는다는 뜻으로 쾌락은 한번 빠지면 오래 지속되어 도중에 그칠수 없음을 일컫는 말

ㅌ

타기술중(墮其術中)
남의 간악한 술책에 빠짐

타산지석(他山之石)
착하지 못한 사람도 착한 사람의 수양에 도움이
됨을 비유하는 말

타수가득(唾手可得)
어렵지 않게 일이 잘 되기를 기약함

탁덕양력(度德量力)
자신의 덕행과 재능을 깊이 헤아려 살핌

탁상공론(卓上空論)
현실성이나 실천성이 없는 허황한 이론

탁호난금(卓乎難及)
월등하게 뛰어나서 남이 따르기 어려움

탄지지간(彈指之間)
손가락을 튀길 사이라는 뜻으로, 아주 짧은 시간
을 이르는 말

탐다무득(貪多務得)
욕심이 많아 많은 것을 탐냄

탐화봉접(探花蜂蝶)
꽃을 찾아다니는 벌과 나비란 뜻으로 여색을 탐
하여 찾아다니는 남자를 비유

탕탕평평(蕩蕩平平)

싸움이나 시비 혹은 논쟁 따위에서 어느 쪽에도
치우치지 않음

태산압란(泰山壓卵)
태산의 무게로 알을 눌러서 깬다는 뜻으로, 일이
아주 수월함을 비유

태연자약(泰然自若)
마음에 충동을 받아도 동요하지 않고 천연스러움
을 뜻함

토붕와해(土崩瓦解)
흙이 무너지고 기와가 깨진다는 뜻으로, 사물이
근본적으로 무너져 손댈 수 없는 지경에 이름을
비유

토사구팽(兔死狗烹)
토끼사냥이 끝나면 사냥개는 삶아 먹힌다는 뜻으
로, 쓸모가 있을 때는 긴요하게 쓰이지만 쓸모가
없어지면 헌신짝처럼 버려진다는 말

토진간담(吐盡肝膽)
거짓 없는 마음을 숨김없이 다 털어놓음

투서기기(投鼠忌器)
쥐를 잡으려다 그 옆의 그릇을 깨뜨릴까 염려된
다는 뜻으로 간신을 제거하려다 임금에게 누를
끼칠까 염려함을 뜻함

ㅍ

파기상접(破器相接)
깨어진 그릇을 다시 맞춘다는 뜻으로 이미 틀어진 일을 바로잡으려고 공연히 헛수고만 함을 비유

파란만장(波瀾萬丈)
물결의 기복이 심하듯 일의 진행이나 살아가는 데 기복이나 변화가 매우 심함을 뜻함

파안대소(破顔大笑)
얼굴빛을 부드럽게 하여 한바탕 웃음

패가망신(敗家亡身)
가산을 탕진하고 몸을 망침

폐부지언(肺腑之言)
마음속에서 우러나오는 진실한 말

포식난의(飽食暖衣)
배불리 먹고 따뜻이 입는다는 뜻으로, 생활이 넉넉하다는 뜻

포복절도(抱腹絶倒)
배를 끌어안고 넘어진다는 뜻으로, 몸을 가누지 못할 만큼 유쾌하게 웃음을 이르는 말

포식당육(飽食當肉)
배부를 때 고기를 본 것처럼 그 일에 대해 관심이나 흥미가 없음을 비유

표리부동(表裏不同)
마음이 음충맞아서 겉과 속이 다름

표사유피(豹死留皮)
표범은 죽어서 가죽을 남긴다는 뜻으로 사람은 죽어서 이름을 남겨야 함을 말함

풍성학려(風聲鶴?)
바람 소리와 학의 울음소리란 뜻으로 겁을 먹은 사람이 하찮은 일이나 작은 소리에도 몹시 놀람을 비유

풍전등화(風前燈火)
매우 위급한 경우에 놓여 있음을 가리키는 말

피부지견(皮膚之見)
겉만 보고 성급히 내리는 얕은 견해

피육지견(皮肉之見)
가죽과 살만 보고 그 속의 뼈를 못 보았다는 뜻으로 천박한 깨달음을 뜻함

파장봉호(避獐逢虎)
노루를 피하려다 범을 만난다는 뜻으로, 작은 해를 피하려다가 큰 화를 당함을 비유

필부지용(匹夫之勇)
소인이 깊은 생각 없이 혈기만 믿고 대드는 용기라는 말로 앞뒤 분별없이 마구 행동하는 것을 뜻함

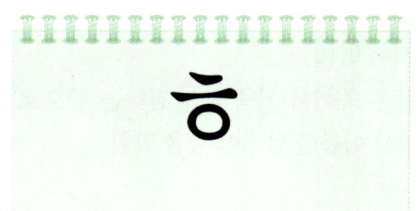

ㅎ

하불암유(瑕不揜瑜)
일부분의 흠으로 말미암아 전체를 해하지 못함

하해지택(河海之澤)
큰 강이나 바다와 같이 크고 넓은 은혜

학수고대(鶴首苦待)
무언가를 몹시 기다림

한불조지(恨不早知)
일의 기틀을 좀 더 빨리 알지 못한 것을 한탄함

함흥차사(咸興差使)
한번 떠난 사람이 돌아오지 않거나 소식이 없음

허심탐회(虛心坦懷)
아무런 선입견이나 거리낌 없이 솔직한 태도로
품은 생각을 터놓고 말함

현인안목(眩人眼目)
남의 눈을 어지럽히고 정신을 아득하게 함

형설지공(螢雪之功)
갖은 고생을 하며 부지런히 학문을 닦은 공

호구지계(狐丘之戒)
남에게 원한을 사는 일이 없도록 특히 조심하라
는 교훈

호구지책(糊口之策)
먹고 살 방법

호사다마(好事多魔)
좋은 일에는 마귀가 많다는 뜻으로, 좋은 일이 있
을 때는 방해가 되는 일이 많다는 말

호시탐탐(虎視眈眈)
기회를 노리며 형세를 살핌

화사점촉(畵蛇添足)
필요 없는 것을 덧붙이는 일

화중지병(畵中之餅)
그림의 떡이라는 뜻으로 아무 쓸모없는 것을 비유

회자인구(膾炙人口)
널리 사람들에게 알려져서 입에 오르내리고 찬양
을 받는다는 뜻

회자정리(會者定離)
만나면 반드시 헤어지기 마련이라는 뜻

횡설수설(橫說竪說)
조리 없는 말을 함부로 지껄임

후생가외(後生可畏)
젊은이란 장차 얼마나 큰 역량을 나타낼지 헤아
리기 어려운 존재이므로 존중하며 소중히 다룰
일이라는 뜻

후회막급(後悔莫及)
일이 잘못된 뒤라 아무리 뉘우쳐도 어찌할 수 없음

화호유구(畵虎類狗)
호랑이 그림을 그리려다가 실패하여 개를 닮은
그림이 되었다는 뜻으로, 서투른 솜씨로 어려운
일을 하려다가 도리어 잘못되거나 중도에 흐지부
지하여 이루지 못하여 웃음거리가 된다는 말